OS PARALAMAS DO SUCESSO

Selvagem?

Mario Luis Grangeia

OS PARALAMAS DO SUCESSO

Selvagem?

Cobogó

Para Lila, Guilherme e Henrique, filha e afilhados,
um trio no coração e com um longo caminho adiante.

SUMÁRIO

Sobre a coleção **O LIVRO DO DISCO** … 9

1. Novidades a bordo: Uma introdução … 13

2. País em mar de ressaca … 21
Sem essa de "Nova República" … 21
O dragão e a sereia … 24
Censura ainda em cena … 27
Com as armas de lado … 30

3. Banda em mar de almirante … 33
Mais que uma foto na parede … 33
Vasos de planta no palco da virada … 36
Saindo de uma canoa cheia … 39
Veículo fora de controle … 42
Sem complexo pelos óculos … 46

4. Sons de transições entrelaçadas … 51
Alagados … 56
Teerã … 64
A novidade … 68

Melô do marinheiro | Marujo dub ... 74
Selvagem ... 78
A dama e o vagabundo ... 82
There's a party ... 85
O homem ... 88
Você ... 91

5. Outras marés, outro rock ... 97
Importações bem assimiladas ... 97
"Mais espaço para ver o mundo" ... 102
"Série de ideias inacabadas" ... 105
Curto-circuito pela imprensa ... 110
"Canción del marinero" e outras ... 114

6. Um disco como documento ... 119
Duas histórias entrelaçadas ... 119
Uma safra politizada ... 123
Lembranças, lembretes e memórias ... 129

7. Baques e batuques: Uma conclusão ... 135

Faixa-bônus: O encontro (por Liminha) ... 143

Notas ... 147
Ficha técnica do disco ... 159
Agradecimentos ... 161

Sobre a coleção O LIVRO DO DISCO

A coleção O Livro do Disco foi lançada em 2014, pela Cobogó, para apresentar aos leitores reflexões musicais distintas sobre álbuns que foram, e são, essenciais na nossa formação cultural e, claro, afetiva. Inspirada inicialmente pela série norte-americana 33 1/3, da qual publicamos traduções fundamentais, O Livro do Disco hoje tem uma cara própria, oferecendo ao público livros originais sobre música brasileira que revelam a pluralidade e a riqueza da nossa produção.

A cada título lançado, o leitor é convidado a mergulhar na história de discos que quebraram barreiras, abriram caminhos e definiram paradigmas. A seleção de álbuns e artistas muitas vezes foge do cânone esperado. Isso se dá, sobretudo, devido à formação diversa dos autores: críticos, músicos, pesquisadores, produtores e jornalistas que abordam suas obras favoritas de maneira livre, cada um a seu modo — e com isso produzem um rico e vasto mosaico que nos mostra a genialidade e a inventividade encontradas na sonoridade e nas ideias de artistas do Brasil e do mundo.

O Livro do Disco é para os fãs de música, mas é também para quem deseja um contato mais aprofundado, porém acessível, com o contexto e os personagens centrais de trabalhos que marcaram a história da música. Em tempos de audição fragmentada e acesso à música via plataformas de *streaming*, (re)encontrar esses discos em sua totalidade é uma forma de escutar o muito que eles têm a dizer sobre o nosso tempo. Escolha seu Livro do Disco e se deixe embalar, faixa a faixa, por sons e histórias que moldaram — e seguem moldando — nossas vidas.

A gente está neste disco como quem acabou de sair de uma sala apertada, lotada de gente, descobre uma porta e vê que depois existe uma sala enorme e vazia, para explorarmos. E nós só demos o primeiro passo.

— Herbert Vianna, revista *Bizz*, junho de 1986

Frame do clipe de "A novidade", gravado na barca *Urca*, cruzando a Baía de Guanabara, Rio de Janeiro, 1986.

1. Novidades a bordo: Uma introdução

Fevereiro de 1987. Em meio ao ir e vir de milhares de passageiros, a barca *Urca* torna-se o cenário das gravações do bem-humorado clipe de "A novidade". Três rapazes de bermudas circulam nos corredores lotados e encenam tocar uma guitarra, um baixo e um tambor ao som de uma letra sobre desigualdades que rima areia com ceia e sonho com medonho. Quem segue entre o Rio de Janeiro e Niterói numa das viagens feitas desde cedo pela equipe de filmagem se vê numa locação com Os Paralamas do Sucesso — o guitarrista e cantor Herbert Vianna, o baixista Bi (Felipe) Ribeiro e o baterista João Barone — e seis atores "infiltrados" pela produção para animar as cenas.

Outra sequência do clipe a bordo traz Herbert de boné amarelo e sem camisa, cantando o refrão de Gilberto Gil para o reggae que ele, Bi e Barone gravaram no ano anterior. Diante de duas câmeras ligadas e instrumentos desplugados, dublam uma trilha diferenciada do repertório mais tocado por eles em mais de quatro anos de ensaios e shows. O set tinha sido improvisado por Roberto Berliner e Sandra Kogut, diretores do clipe, que domingos depois estrearia no *Fantástico*, da TV Globo.

Havia novidades para protagonistas e coadjuvantes do vídeo. Para a banda, o clipe ajudaria a divulgar mais uma música de trabalho de *Selvagem?*, lançado no outono de 1986 (as outras foram "Alagados", "Melô do marinheiro", "Selvagem" e "Você"). Para os passageiros, se já era raro gravar vídeo caseiro, que dirá ser figurante num clipe para a TV. Aliás, a opção pela barca *Urca* foi um plano C. O orçamento à mão inviabilizou a ideia inicial de abrir o clipe com uma cena da praia de Botafogo, subir a câmera aos céus e levá-la até a avenida N. Sra. de Copacabana. Já no terminal marítimo da praça XV, foi tentado ainda um plano inspirado no antológico clipe de "Let It Be", o dos Beatles tocando no terraço de um edifício em Londres. Chegaram a pôr o trio e imensas caixas de som no alto da barca, mas os passageiros ouviam sem entender direito. Como Herbert, Bi e Barone não eram rostos populares junto às massas como eram as estrofes de "Alagados", foi escalado um elenco para tentar elevar o astral.

"Colocamos atores camuflados no meio da galera, como se fossem passageiros, para dar uma animada. Foi uma delícia, porque chegou um momento em que eles não precisavam mais animar nada. Era um dia de sol e depois choveu. Aconteceu de tudo", disse o codiretor Roberto Berliner em entrevista ao jornalista e pesquisador Guilherme Bryan.[1] Ao negociar a exibição no *Fantástico*, Roberto Talma, diretor que selecionava clipes, cogitou "três ou quatro" mudanças. Mas, após revê-lo, não vetou nada, nem a cena que o incomodou num primeiro momento: a de um passageiro chutando o portão do terminal.

Também houve resistência inicial na EMI-Odeon com as demos do disco por soar tão distinto do anterior, *O passo do Lui*, de ótimo resultado em rádios e lojas. "Aparecemos com aquelas demos e os caras ficaram nervosos. Mas, dentro da gravadora, tinha gente que acreditava que aquilo poderia dar muito certo", contou Herbert a Bryan.[2] O produtor Liminha frisou também: "Pela primeira vez, uma banda começava a assumir sua nacionalidade. Trazia elementos da nossa cultura, porque, até então, todos copiavam ou eram influenciados pelo rock inglês ou americano."[3]

O trio, críticos e fãs apontaram o disco como um ponto de inflexão na trajetória (não só) dos Paralamas, afinal introduziu uma troca de referências no rock anglófono por outros diálogos rítmicos e geracionais — sobretudo com o reggae e dois nomes da MPB presentes no repertório: Gilberto Gil e Tim Maia. Se o disco é reconhecido por abrir o rock brasileiro a sincretismos mais naturalizados de lá para cá, a sintonia das letras com anseios correntes na transição democrática é um legado até hoje menos notado. *Selvagem?* seria um item sob medida para pôr numa hipotética cápsula do tempo do Brasil de 1986. Anos depois, ao reabri-la, intacta, seria possível captar aquele país por outro ângulo, tamanha sua inovação e valor documental.

Em meados daquela década de 80, 1986 não costuma ser visto como um ano tão memorável da história brasileira. Após a mobilização das Diretas Já (1983-84) e a expectativa pelo fim do regime militar e o choque com a morte de Tancredo Neves (1985), era de esperar alguma compensação à derrota da emenda para antecipar a eleição presidencial direta ou ao luto na sucessão do Palácio do Planalto. Muitas aspirações persistiram meras aspirações. Não houve símbolo maior de descompasso entre desejo e realidade do que o Plano Cruzado, que congelou preços, fomentando o consumo e a eleição de governadores aliados de Sarney, mas não estancou a hiperinflação. Outra lembrança amarga foi o Brasil não ter ido às semifinais da Copa do Mundo, pela diferença de um pênalti contra a França.

Quem atentou para o rock nacional, porém, teve boas razões para descartar que fosse um ano perdido. Além de *Selvagem?*, vieram à luz obras centrais para a discografia dos Engenheiros do Hawaii (*Longe demais das capitais*), Ira! (*Vivendo e não aprendendo*), Legião Urbana (*Dois*), Plebe Rude (*O concreto já rachou*), RPM (*Rádio Pirata ao vivo*) e Titãs (*Cabeça dinossauro*). A rara concentração de discos marcantes motivou inclusive o vídeo *1986, o ano do rock brasileiro*, da Trip TV, com memórias de músicos sobre a peculiar fecundidade do rock nesse ano.[4] Bi realçou enlaces do LP dos Paralamas com o contexto político: "A gente era muito otimista, tava achando tudo muito bom, as coisas que estavam acontecendo, a possibilidade da democracia... a possibilidade de andar pra frente sem amarras, a possibilidade de ter informações de fora que antes não tinha. Era mais pela possibilidade das coisas do que pelas coisas que estavam acontecendo mesmo."

Alvoroço? Bestificação? Catarse? Listar hipóteses para a força motriz da safra 1986 pode ser tão infindo e à toa quanto discutir se letra de música é poesia ou não. Além de potencialmente inútil, a enumeração tenderia a se perder numa mirada panorâmica. Daí ser melhor centrar foco numa obra exemplar. Reitere-se um olhar do baixista: "era mais pela possibilidade", disse, ressaltando, ainda, a necessidade geral de dar voz a percepções represadas antes da abertura.

A fusão original do rock com o reggae, samba e outros gêneros agradou críticos e pôs milhares de fãs atrás dos discos da capa do menino fantasiado caricatamente de índio num matagal (a usual foto dos artistas saiu no verso). Outro marco foi sua boa acolhida no exterior, tocando para latino-americanos (Argentina, Chile e Paraguai) e europeus (Espanha, Portugal, França e Suíça) em 1986-87. No livro *BRock: O rock brasileiro dos anos 80*, perfil dessa geração do rock, Arthur Dapieve frisaria esse diferencial: "A mestiçagem de *Selvagem?* deu o empurrãozinho que faltava para a banda deslanchar uma carreira internacional como nenhuma outra banda brasileira jamais tivera."[5]

Razões não faltam para revisitar o hoje clássico *Selvagem?* para além de sua música *fusion*, dos diálogos com o país de seu tempo e da receptividade entre brasileiros e estrangeiros. O álbum teve mais singularidades na produção e recepção; e elas foram tema de entrevistas com Bi Ribeiro, João Barone e com o empresário da banda, José Fortes (considerado um "quarto paralama" por reforçar o trio fora dos holofotes desde o início). As memórias deles foram valiosas para a pesquisa deste livro, inicialmente focada em depoimentos mais "a quente" na imprensa, vídeos e livros. Antecedentes e desdobramentos do LP foram reavaliados com eles. Como apreciador daquela geração do rock, e da banda em especial, tive grande satisfação de os ouvir em busca de informações que ajudam a clarear interfaces às vezes despercebidas entre a música e a política no Brasil, enlaces que tinham me atraído a projetos na raiz de outros textos.[6]

Tal como faixas nos discos, podem-se percorrer os sete capítulos e a "faixa-bônus" na ordem que atrair cada leitor/a. "País em mar de ressaca" recua ao Brasil de 1985-86, anos da criação, da gravação e do lançamento. Essa minirretrospectiva realça a relação texto-contexto das músicas, num momento em que o governo tinha três agendas com graus distintos de atenção oficial: frente à inflação, à desigualdade e à censura. "Banda em mar de almirante" frisa antecedentes da renovação definitiva do trio, como uma turnê com Jimmy Cliff, o festival Rock in Rio de 1985 e até um acidente de carro de um integrante do trio.

O entrelaçar dessas viradas — do país à democracia e da banda para outros ritmos — sobressai em "Sons de transições entrelaçadas", que busca expandir a fruição de dez faixas de um trio que estava conhecendo o sucesso num país em

17

vias de redemocratização. Sobre bases rítmicas fora do que se costumava ouvir, foram cantadas questões como a exclusão na cidade e a fé ("Alagados"), infância nas ruas ("Teerã"), desigualdade ("A novidade") e falta de liberdade e racismo ("Selvagem"). A direção da nau da banda é o foco de "Outras marés, outro rock", sobre a recepção do disco, com críticas positivas na imprensa e "pedradas" lançadas por alguns roqueiros contemporâneos.

O disco é revisado como uma polaroide de 1986 em "Um disco como documento". Já a conclusão "Baques e batuques", dá vazão a um olhar mais subjetivo deste autor. "O encontro" faz o mesmo com um texto do produtor Liminha sobre a banda, divulgado na época com o *release* do LP.[7]

Ao concluir a primeira versão deste ensaio, em 2021, tempos de luto, obscurantismo e aversão oficial a expressões culturais e minorias, não pude evitar certo amargor no fim do livro. Talvez eu até estivesse soando *over* ao cravar, naquele momento, quão atual continuava o verso "o governo apresenta suas armas", da canção "Selvagem", em um governo que trabalhou para liberar milhares de outras armas aos ditos "cidadãos de bem". Mas mesmo naquele 2021, para mim, nada estava perdido: era um final com lamento sem, todavia, perder a esperança. Talvez em 2023, ano de lançamento deste livro, a versão de agora seja o oposto: um fim com esperança, sem perder o lamento. Antes assim.

Herbert, Barone e Bi no bar Memória,
Rio de Janeiro, março de 1986.

2. País em mar de ressaca

Como a ditadura serviu de pião para a transição e foi um guia inamovível em todas as fases percorridas até agora, a primeira e mais importante batalha política consiste em destruir a ordem ilegal estabelecida e substituí-la por uma ordem legal legítima e democrática.

— FLORESTAN FERNANDES, "O Brasil na encruzilhada", *Folha de S.Paulo*, 21/3/1985[8]

Sem essa de "Nova República"

A historiografia da redemocratização já realçou como ela partiu não de uma ruptura, mas de pactos que a tornavam tolerável a militares e civis que deixavam o poder. Foi um processo longo assentado sobre o fim do Ato Institucional nº 5, que aprofundara o arbítrio, e a Lei da Anistia, que perdoou perseguidos políticos pelo regime e autores de crimes em nome deste. A expectativa da oposição de a eleição direta de governador, em 1982, também favorecer a ida às urnas para presidente ruiu junto com a rejeição da Emenda das Diretas Já em 1984.

Outra ressaca se espraiou no outono de 1985. Em 15 de janeiro, o Congresso Nacional tinha elegido por trezentos votos a mais Tancredo Neves, do Partido do Movimento Democrático

Brasileiro (PMDB), recém-protagonista de comícios que não seriam de esperar numa eleição indireta como aquela. Em meio à euforia e à chuva em Brasília, centenas de pessoas se cobriram com uma bandeira verde-amarela de 250m², numa celebração equiparável à de vitórias da seleção em Copa do Mundo.[9] Já na antiga capital, outras bandeiras se multiplicaram no gramado e no palco do Rock in Rio, que teve falas otimistas em shows do Kid Abelha & os Abóboras Selvagens, Eduardo Dusek e Barão Vermelho. Vocalista do Barão, Cazuza foi como um porta-voz do ânimo geral ao se enrolar numa bandeira e fechar o *setlist* da banda com "Pro dia nascer feliz" e seus votos de "que o dia nasça lindo pra todo mundo amanhã! Um Brasil novo... com a rapaziada esperta!".[10] Na noite seguinte, o vocalista dos Paralamas saudou: "Ontem foi escolhido o novo presidente do Brasil... E a gente vai ver aquela careca na TV por um bom tempo, mas a gente espera que alguma coisa de bom seja feita, né? Já que *a gente não sabemos escolher presidente*, já que escolheram pela gente, a gente vai tocar uma música de um grupo de São Paulo genial", clamou Herbert, protestando com uma referência a um verso de "Inútil", do Ultraje a Rigor.[11]

Aqueles jovens não imaginariam que, em vez do careca Tancredo Neves, liderança da oposição, tomaria posse o bigodudo José Sarney, político sisudo e governista havia décadas. De fato, dois meses após o pleito, na véspera da posse, Tancredo, o presidente eleito, teve diagnosticada uma crise de diverticulite que havia uma semana gerava dores fortes, a qual ele ocultava por receio dos efeitos colaterais na transição. O temor se alastrou na noite de 14 de março, e levou à posse de Sarney como interino, status que durou até cinco semanas e sete cirurgias depois. Tancredo sucumbiu a uma infecção generalizada que desencadeou um luto nas massas, que se viam mais representadas pelo mineiro sorridente. Ao anunciar a morte de Tancredo na TV e no rádio em 21 de abril, seu vice atribuiu ao falecido a frase de que poucos povos se igualam aos brasileiros em matéria de "sofrimentos, privações e injustiças".[12] E lamentou que essa morte fosse representar mais um sofrimento e uma privação. Também representaria injustiça, ainda que omitida por Sarney — sobrenome não de berço, mas adotado para fins eleitorais por ser primeiro nome do pai do político antes conhecido pelos maranhenses como "Zé do Sarney".[13]

Não se cumpriu a previsão do ex-presidente João Figueiredo de que, sem Tancredo, Sarney não governaria e os militares voltariam ao poder.[14] Mais acertado do que esse prognóstico foi o diagnóstico de Florestan Fernandes num artigo na *Folha de S. Paulo*: "Nenhuma República foi gestada tão perversamente na ordem existente — inclusive pela ditadura que entrega os pontos — como esta que agora emerge."[15] O sociólogo da USP abolia dizeres em voga como "Nova República" (e "Carnaval da democracia") porque só uma cúpula a negociara e a usaria para revitalizar hábitos políticos da Velha República e a malícia varguista do Estado Novo. Tais eram, para o professor e depois deputado constituinte, ingredientes de um "fino prato da politiquice e do politicismo", cozido por artimanhas de "políticos profissionais" e à falta de patriotismo e de cultura cívica das "elites da Nação". Antes a novidade não se limitasse à retórica.

Em paralelo, figuras com serviços à repressão se reinventaram em liberdade. Bastou a primeira viagem presidencial ao exterior para um caso exemplar vir à tona: em recepção oficial em Montevidéu, a deputada federal e atriz Bete Mendes, da comitiva de Sarney, se viu diante do coronel Carlos Alberto Brilhante Ustra, comandante do Destacamento de Operações de

Informação (DOI) paulista que a torturou em 1970. Vítima e algoz se reconheceram, o que criou um mal-estar sem tamanho. Adido militar à embaixada, ele tentou ser cordial e desculpar-se por "ter cumprido ordens". Ela quis manter as aparências, apesar do intenso dissabor, e depois escreveu uma carta a Sarney acusando seu torturador e de tantos outros concidadãos.[16] Dada a força e a repercussão da carta, a saída de Ustra do cargo no Uruguai foi anunciada, mas só se efetivou na data já prevista antes em razão da resistência de militares. Os tempos eram outros após 1985, mas nem tudo mudou.

O dragão e a sereia

Companheira de longa data dos brasileiros, a hiperinflação só sairia de cena em 1994, com o Plano Real, xará da moeda que pôs em circulação. Nos anos 1980, os planos para conter a escalada inflacionária se sucediam, com táticas como o corte de "três zeros" da moeda e a mudança de nome — esse filme, já visto nos anos 1940 e 1960, se repetiu em 1986 (criação do cruzado), 1989 (cruzado novo) e 1993 (cruzeiro real). Foi com desconcerto que os Paralamas reagiram à penúltima dessas reprises nos versos "fim da censura, do dinheiro, muda nome, corta zero/ entra na fila de outra fila pra pagar", da canção "Perplexo" (*Big Bang*, 1989).

A vida econômica também era afetada pela dívida externa de US$103 bilhões, sem resolução à vista. O Fundo Monetário Internacional (FMI) até se negou a discutir a sétima carta de intenções do Brasil, em janeiro de 1985. Ao que Tancredo declarou que dívida "se paga com dinheiro, não se paga dinheiro com fome, miséria e desemprego dos cidadãos". Semanas depois, o banqueiro David Rockefeller visitou o presidente eleito já com as negociações Brasil-FMI suspensas e rebateu: "Dívida é dívida e seu conceito não varia."[17]

O desarranjo nos preços e no poder de compra tinha ganhado o apelido de "dragão da inflação", e não faltaram candidatos a são Jorge. Alçado a ministro da Fazenda, o empresário Dilson Funaro lançou dois planos de estabilização num 1986 bom para o rock nacional e desafinado em tantas searas — e iniciado com um novo pico mensal de inflação (um IPCA de 16,23% em janeiro). No Plano Cruzado, de fevereiro, o congelamento de preços foi a principal aposta da dupla Sarney-Funaro, e os efeitos imediatos foram tão positivos que, em novembro, o partido governista PMDB, elegeu 22 dos 23 governadores e o aliado Partido da Frente Liberal (PFL) elegeu o outro, dando lastro ao que ficaria conhecido como "estelionato eleitoral" pelo alívio durante a ida às urnas, mas sem maior vigor depois delas. No *front* anti-inflacionário, o governo ganhou a adesão voluntária dos "fiscais do Sarney", cuja função era denunciar lojas que elevavam os preços. Logo se viu o desabastecimento de produtos e distorções como a de se ter um carro novo mais barato que o modelo com um ano de uso.[18]

Após o pleito, que também elegeu constituintes, veio o Plano Cruzado II, tentativa malsucedida de Funaro de salvar o filho pródigo. O "dragão" voltou a voar alto, o ministro caiu e o repertório do rock cresceu com crônicas desses fracassos, como na voz dos Ratos de Porão ("Plano furado", do refrão "Deu tudo errado/ Plano furado/ Deu tudo errado", e "Plano furado II") e na dos Inocentes ("Pátria amada, é pra você esta canção/ desesperada, canção de ilusão", em "Pátria amada"). Aliás, a crônica musical da transição democrática teve no punk um credor nem sempre reconhecido fora do rock. Além das bandas lideradas por João Gordo e Clemente, há ótimos registros do país daquele tempo em letras de grupos punk e pós-punk, como Garotos Podres, Ira!, Legião Urbana e Plebe Rude. A mira desses roqueiros do eixo São Paulo-Brasília manteve o foco sobre resquícios de autoritarismo cujo legado deixou marcas que não eram de saudade.

Outro mal resistia em solo brasileiro além da censura e da hiperinflação: a desigualdade. Era um desafio ao qual a retórica popular não oferecia uma metáfora aderente como "tesoura" e "dragão" (ou "tigre da inflação", como preferiu Fernando Collor). Por suas capacidades de cortar e até de aniquilar, a desigualdade mereceria uma metáfora no imaginário coletivo. De certa forma, ela ganhou pelo menos uma imagem poética em *Selvagem?*. O refrão de Gilberto Gil para "A novidade" era claro sobre o tema da letra: "Ó mundo tão desigual/ tudo é tão desigual/ de um lado este carnaval/ de outro a fome total." Ao ilustrar a desigualdade entre nós, Gil aludiu a uma sereia encontrada na praia. Para uns interessava seus beijos de deusa maia; a outros, seu rabo de baleia para a ceia. Ela era encarada de modo desigual em contextos sociais distintos — isso será visto mais adiante em "Sons de transições entrelaçadas".

Quando a sereia dos Paralamas e de Gil veio dar à praia, a renda era cada vez maior em menos mãos, vide o coeficiente de Gini, mais usual índice de concentração de renda, em alta a cada década: 0,504 (1960), 0,561 (1970) e 0,592 (1980). A curva da desigualdade seguia desanimadora (0,598 em 1985) e a renda do 1% mais rico se igualava à dos 27,29% mais pobres.[19] Enquanto o letrista de "A novidade" instigava o público a pensar nas desigualdades, Sarney, o presidente do lema "Tudo pelo social", mal as citava; a maioria das raras menções remetia a desigualdades regionais.[20] No relatório anual do governo ao Congresso em 1986, o presidente indicou três objetivos de sua política social: ser pró-desenvolvimento; anti-inflação; e antiestatismo — tripé da "luta pelo reajustamento econômico".[21] Nada de citar a desigualdade de renda, que o Plano Cruzado fez cair no curto prazo.

A inflação draconiana queimava o poder de compra de todos, mas sobretudo daqueles sem escudos eficazes contra ela, pois quem recebia salários altos ou não dependia de contracheque resguardava renda no mercado financeiro. "De um lado, este carnaval/ De outro, a fome total."

Censura ainda em cena

O ministro da Justiça, Fernando Lyra, se reuniu com Sarney numa manhã de verão ciente da pressão de líderes católicos contra a estreia do filme *Je vous salue, Marie*, atualização da saga bíblica de Maria na releitura do cineasta Jean-Luc Godard. Era fevereiro de 1986 e houve pressão igual em outros países, mas nenhum tinha vetado o filme. Para Lyra, que o achou uma obra de arte sem erotismo e fiel à castidade da narrativa cristã, estava bem respaldado o parecer da Polícia Federal, cuja Divisão de Censura de Diversões Públicas (DCDP) opinou por liberá-lo. Disposto a um meio-termo, o ministro sugeriu a Sarney autorizar a exibição apenas em "salas especiais". Em vão.

– Compreenda a minha posição.

– Eu compreendo, mas discordo. Sou pela liberação do filme. Mas tanto compreendo que não vou falar à imprensa.

– O papa, a CNBB... Eu não posso liberar o filme.

– Entenda, presidente, eu não perco nada com isso, mas o caso é muito sério, abre um precedente perigoso.

O presidente foi tão inflexível que Lyra descartou lembrá-lo de que, diante de escritores, Sarney tinha se comprometido meses antes a uma volta à democracia com a "abolição de qualquer censura à inteligência". Segundo o relato de Lyra a jornalistas,[22] Sarney mostrou o telegrama de João Paulo II e passou à justificativa oficial de que a Constituição não toleraria "propaganda de guerra, de subversão à ordem ou de preconceitos de religião" (o veto foi o único da caneta de um presidente, pois aos outros bastaram signatários de menor escalão).

Essa censura gerou protestos imediatos e os Paralamas gravaram o seu na faixa "Selvagem": "O governo apresenta suas armas/ discurso reticente, novidade inconsistente/ e a liberdade cai por terra/ aos pés de um filme de Godard", cantou Herbert em fúria. O bloco brasiliense Pacotão, por sua vez, lançou no Carnaval a marchinha "Je vous salue, Marly", debochando da primeira-dama, Marly Sarney, cujo nome convidou ao trocadilho e o sobrenome, à chacota.

O recuo na liberação do filme sinalizou como a transição democrática se deparava com obstáculos nada ocultos. No caso da censura, havia raízes profundas e recepções as mais distintas. Houve longos abaixo-assinados do grupo conservador e moralista Senhoras de Santana, em São Paulo, cobrando rigor com programas de TV que julgavam pouco sérios e com muitos palavrões, como notou a historiadora Beatriz Kushnir no acervo da DCDP.[23] Seu livro *Cães de guarda: Jornalistas e censores, do AI-5 à Constituição de 1988* cita episódios de censura pós-ditadura na TV, como o veto à entrevista da jornalista Marília Gabriela com o inglês Ronald Biggs — para a fala do assaltante de trem não afetar a imagem externa do país — e o ineditismo televisivo de *O último tango em Paris*, filme de Bernardo Bertolucci de 1972 — que levara sete anos até ser exibido em cinemas no Brasil. Em 1985, o filme da histórica cena íntima entre Marlon Brando e Maria Schneider recebeu aval para a TV Bandeirantes exibi-lo com cortes. Na música, dados da DCDP totalizam 261 letras cortadas e 25 proibidas entre a posse de Sarney, em março de 1985, e o início de 1987. O aparato da censura foi até reforçado em concurso em 1986, sendo elevado de 150 técnicos para 220 (eram os classificadores, no termo oficial).

Repita-se: 261 letras cortadas e 25 proibidas nos dois primeiros anos da "Nova República". Um alvo da renovada censura foi Evandro Mesquita, que queria partir em carreira solo em 1986 no embalo do sucesso da Blitz, mas viu o disco *Evandro* ter o lançamento adiado por meses, até os censores liberarem três faixas. Não foi o primeiro revés do artista com aquele órgão, que implicara, quatro anos antes, com duas letras do LP *As aventuras da Blitz* (objetavam o verso "ela diz que eu ando bundando", um "puta que pariu" e um duplo sentido para "peru"). No disco de 1982, a EMI prensou e vendeu o vinil com duas faixas riscadas, num misto de protesto e marketing de guerrilha singular no mercado fonográfico. No LP posterior, restou à PolyGram adiar para 1987 o lançamento desse disco, cujas vendas tiveram ordem de grandeza muito inferior à da irreverente banda — a vendagem talvez fosse outra se tivesse sido lançado na conjuntura econômica da primavera anterior.

Os anseios pelo fim da censura foram saciados só com a Constituição de 1988, numa demonstração de que a ditadura conseguiu nutrir subprodutos mais longevos do que ela própria.

Com as armas de lado

"Estamos perto do ano 2000 e queremos pelo menos ser esclarecidos. Se houve uma proibição, é lamentável, mas precisamos saber o que há por trás disso", discursou a atriz Fernanda Montenegro no 2º FestRio, colhendo ovação no Hotel Nacional na noite de 21 de novembro de 1985. Na abertura do festival de cinema, ela e outros artistas cobraram esclarecimentos pela saída de *Je vous salue, Marie* da lista dos quatrocentos filmes com exibição programada em cinemas cariocas. Além de falas inflamadas, eram distribuídos panfletos de alunos de Comunicação da Universidade Federal Fluminense (UFF) a favor da exibição. De longa bata azul, o cantor Caetano Veloso disse que "isso é uma desonra para o festival e para o país". O prefeito Marcello Alencar propôs ali que os donos dos direitos de exibição do filme o trouxessem para ser exibido. Essa primeira noite do evento, com homenagens a Chacrinha e outros pioneiros da TV e a exibição de curtas dos irmãos Lumière e de *Ran*, de Akira Kurosawa, começaria após 70 minutos de atraso e de protestos.[24]

A cena no festival foi como uma pré-estreia para a controvérsia entre Sarney e Lyra, seu primeiro ministro da Justiça. A imprensa destacou a inquietação com o veto ao filme, que rendeu chamadas como uma na capa do tradicional *Jornal do Brasil* no dia seguinte (22/11/1985). Outras chamadas dessa edição de sexta-feira sumarizaram mais do país de 1985: as pautas abrangiam o debate reaberto pelo presidente do Banco Central sobre a dívida externa, a decisão do Congresso de se dedicar só à Constituição em 1987 e a divulgação, pela Arquidiocese de São Paulo, de uma listagem de 444 acusados de terem sido torturadores, entre eles, dois generais, oito coronéis, oito tenentes-coronéis e 15 majores (Brilhante Ustra inclusive) — o relatório chegou depois às livrarias com o título de *Brasil: Nunca mais*,[25] e virou um *best-seller*. A manchete internacional dava outro tom ao noticiário: "Gorbachev e Reagan põem as armas de lado" remetia às negociações, em Genebra, com vistas ao fim da Guerra Fria.

Uma nota miúda na última página do caderno cultural *B*, do *Jornal do Brasil*, merece atenção: na coluna "Rock Clips", Jamari França avisava que a Rádio Cidade tocaria no dia seguinte a "gravação piratésima" de trechos de Os Paralamas do Sucesso e de Lobão e os Ronaldos no show pelo primeiro aniversário do Circo Voador, na Lapa, de dois anos antes. O *set-list* relacionado aos Paralamas tinha "Recebi seu bilhetinho" (de Herbert, gravada por Eduardo Dusek), "Ainda é cedo" (Legião Urbana) e "Vital e sua moto", emendando em "Every breath you take" (The Police). Parecia até propaganda, pois a rádio era do grupo JB e a nota, tão marginal que foi a penúltima. Ainda assim, o trio seguia sendo citado na mídia, mesmo que, naquele momento, estivesse afastado dos palcos por uma pausa alvissareira e, como se verá adiante, nada planejada.

Frame do clipe de "Alagados", gravado na Maré, Rio de Janeiro, 1986.

3. Banda em mar de almirante

> Os Paralamas vinham numa rota de muito sucesso [...] e de repente eles deram uma guinada radical. [...] foi uma atitude assim tão madura, e tão corajosa, que num certo momento chegou a preocupar.
>
> — LIMINHA, produtor de *Selvagem?*[26]

Mais que uma foto na parede

No princípio era a capa. Antes mesmo de um repertório novo, a ideia da imagem para a capa brotou num instante de descontração no quarto em Copacabana adaptado para ensaios do trio (até um colchão cobria a janela para o som não vazar do apartamento de Ondina, avó de Bi). Entre fotos de família, amigos e artistas como Jimi Hendrix, Led Zeppelin e Alceu Valença, Herbert viu com outros olhos um retrato: Pedro, irmão de Bi, clicado em um acampamento com amigos numa área de cerrado perto de Brasília. Descalço e sem camisa, o jovem desgrenhado sorri para a câmera e exibe arco e flecha indígenas com serventia só ornamental, com uma barraca de camping laranja ao fundo.

O inusitado daquela foto acabou servindo de inspiração para Herbert. "A gente falou: vamos fazer uma coisa bem esdrúxula, uma coisa totalmente diferente e tal. Vamos começar... a capa vai ser aquela foto ali", relatou Bi sobre o *insight* no programa *Arte na Capa*.[27] O que parecia uma piada interna de três jovens, acabou virando coisa séria, a ponto de levar à EMI-Odeon a ideia de dar àquela foto um destaque singular. "Aí da capa veio o nome: Selvagem com interrogação, né? 'Selvagem?' Não tinha nem música, não tinha nada ainda. A gente chegou na gravadora com essa ideia. 'A gente quer botar essa foto aqui na capa do disco.' 'Mas não é ninguém. O que significa?' 'Não, a gente quer botar essa foto na capa do disco.'" Não foi só questão de forma, mas também de conteúdo, como recordou João Barone numa entrevista a Charles Gavin no programa *O Som do Vinil*: "A gente aproveitou essa ideia maluca do Herbert de resgatar esse conceito bem tosco, bem *low fi* [*low fidelity*, sem maior produção], que o Bi trouxe com as capas jamaicanas. Isso aí podia ser uma capa de um disco jamaicano tranquilamente."[28] A indicação foi ouvida na gravadora, mas não foi logo atendida: a primeira prova da capa trazia o trio num boteco, num registro do fotógrafo e amigo da banda Mauricio Valladares no Bar Memória, na Gávea, escolhido para dar um clima jamaicano às poses da sessão.

A arte-final do designer Ricardo Leite, por sua vez, contemplou a ideia dos músicos. As fotos dos três foram distribuídas pelo verso, entre as letras do encarte e numa luva (um encarte interno) contendo o LP e ilustrada pela foto dos Paralamas como se estivessem rindo folgadamente da capa inusitada. "A gente queria mesmo desafiar, provocar mesmo, mostrar independência, mostrar que a gente podia fazer o que a gente queria. E acho que a gente acabou conseguindo", contaria Bi, sem conter o riso, à equipe do programa *Arte na Capa*. Fora aquelas fotos, o Bar Memória — que não resistiu ao alargamento da autoestrada Lagoa-Barra — continua visitável numa crônica publicada por Carlos Heitor Cony dias após ele ser posto abaixo, em 1994: "Estava sempre vazio, nunca vi luz que aliviasse sua penumbra. À noite, ele continuava fiel à escuridão, duas ou três lâmpadas empoeiradas não iluminavam as paredes encardidas e tristes. A luz, trêmula e fria, tornava mais pesadas suas sombras."[29] No álbum, ficou desse bar não o retrato melancólico, mas fotos P&B de jovens em um momento de boemia. Já o acampamento brasiliense, que serviu de cenário para a foto da capa, daria vez a um condomínio de casas.

De fora das poses, mas parte da banda desde o início, o empresário José Fortes está para os Paralamas assim como D'Artagnan está para *Os três mosqueteiros* — não figura no trio do título, mas é outro protagonista. O papel nunca coadjuvante de Fortes, colega de Herbert no curso de Arquitetura, foi referido pelos músicos várias vezes, mas nada o comprova melhor que o nome da produtora da banda: Os Quatro. O paralelo com o romance de Alexandre Dumas é até mais adequado porque, se Athos, Porthos e Aramis eram "os inseparáveis", a jornada de Herbert, Bi e Barone (e Fortes) mostrou-os unidos em meio a deserções e términos sem volta de bandas de várias gerações. "Você trabalhar com seus melhores amigos, fazendo o que você sonha há mais de 20 anos pelo país, é indescritível mesmo", recapitulou Herbert nos anos 2000.[30] Não fosse Fortes e seu trabalho feito com afinco, por exemplo, o trio poderia não ter entrado na escalação nacional do primeiro Rock in Rio.

Flashforward curto: a inseparabilidade foi testada pelo divisor da saga que foi o acidente de ultraleve que deixou Herbert paraplégico e viúvo em 2001, aos 39 anos. O espírito de grupo testemunhado pelo país nos 44 dias de internação no Copa D'Or e nas semanas seguintes foi bem descrito por Marcelo Yuka (1965-2019), outro talento artístico que a vida tornou paraplégico: "Lembro também toda a movimentação que o Paralamas fez pelo Herbert. Será que eles não têm diferenças conceituais, ideológicas? Claro que têm. Mas, quando aconteceu o acidente do Herbert, uns três meses depois do meu, eles se fecharam. Até neurologicamente isso foi importante para a recuperação do Herbert ser humano, não necessariamente do músico."[31] A união fez mesmo a força. "Um por todos e todos por um" não foi só retórica de romance histórico.

Vasos de planta no palco da virada

A exemplo do Brasil, os Paralamas se viram numa encruzilhada em 1985. A performance no Rock in Rio, em janeiro, lhes rendeu o status de banda em alta, uma agenda intensa de shows e, meses depois, uma decisão a tomar: trilhar paradeiros familiares que levaram ao estouro de *O passo do Lui* (1984) ou buscar novos portos para atracar — a opção do trio.

Escalada para abrir duas noites do megafestival, a banda mostrou que era capaz de levantar multidões não só pelo repertório e habilidade técnica, mas pela fala direta ao público e o equilíbrio encontrado para lidar com o porte do evento e adversidades como o calor intenso. Pouco antes de estrearem no palco, os três estavam com os nervos tão à flor da pele que foram correr atrás do palco para corpo e mente se ajudarem, numa dica do produtor Marcelo Sussekind. Daí entraram suados, no pique, e se mostraram calibrados na performance adornada por duas palmeiras mirins retiradas de última hora do camarim para deixar a cena menos vazia — e, de quebra, fazer com que rissem de si mesmos pela desproporção entre a banda e a dimensão do palco. Junto à bateria, o ventilador não aplacava o calor úmido o que obrigou um suado Barone a unir suas forças contra o desconforto e a ansiedade, os quais por pouco não geraram um desmaio ("ficou um teto escuro e eu: 'Caramba, não posso passar mal aqui, se não vai ser um mico planetário'").[32]

Microfone nas mãos, Herbert falou não só por si: "A gente, se pensasse três anos atrás num evento como o Rock in Rio, a gente sabe que não seria possível, que isso aqui está acontecendo graças aos novos grupos brasileiros, que fizeram com que essa música se tornasse conhecida." Ser um dos poucos nomes de sua geração naquele palco fez o cantor dedicar "Inútil", hino nas Diretas Já, a outros integrantes da cena do rock. "Essa música que a gente vai tocar agora a gente dedica para Lobão e os Ronaldos, Ultraje a Rigor, Magazine, Titãs e a Rádio Fluminense FM." Havia o folclore de que Ulysses Guimarães, presidente do PMDB, havia recomendado a dita canção como trilha a um político governista numa troca de farpas, mas o próprio negou conhecer essa letra.[33] Na segunda noite, na qual a nova dose de "Inútil" remeteria à eleição de Tancredo, ele criticou os que, na véspera, lançaram pedras nos shows de Eduardo Dusek e Kid Abelha. "Em vez de vir jogar pedra, fica em casa aprendendo a tocar guitarra. Quem sabe no próximo festival você está aqui no palco?" Os Paralamas sabiam em quem atiravam: parte dos metaleiros desdenhou dos sons de alguns artistas brasileiros, jogando contra eles o que houvesse por ali. O trio foi a revelação do festival, que teve AC/DC, Iron Maiden, Scorpions, Ozzy Osbourne, Queen e Yes entre as atrações principais e contou com veteranos como Elba Ramalho e Erasmo Carlos.

A repercussão do Rock in Rio deu nova dimensão à banda. Era como se a trajetória dos Paralamas e a do Brasil se cruzassem naquele janeiro de 1985, prenunciando um ano de vitórias para o trio e para a pátria. "Havia uma euforia muito grande no país por vários motivos, entre eles a eleição de Tancredo Neves, e nós tínhamos um disco novo nas lojas naquele momento. Nós catalisamos a alegria do momento e saímos como vencedores. Depois daquilo passamos um ano e meio fazendo shows ainda por conta da projeção do festival", avaliou Herbert nas "Páginas Amarelas" da *Veja* dez anos depois.[34] Foram cem shows até julho e, em Porto Alegre, cravaram novo recorde de público no Gigantinho, ginásio onde 34 mil pessoas se dividiram num par de shows num sábado — o recorde até então era de Roberto Carlos, com 15 mil pessoas numa noite. O trio recebeu ali seu primeiro Disco de Ouro, por vender 100 mil cópias de *O passo do Lui* (o de Platina, por 250 mil cópias, foi recebido em novembro no programa *Cassino do Chacrinha*). Um repórter do *Zero Hora* frisou que o trio não apelou para as tradicionais brincadeiras com o público: "simplesmente toca e canta e nisso estabelece uma perfeita sintonia com as pessoas". Ele elogiou a música (sem segredos), letras (inteligentes e irônicas) e o *setlist*: "Eles alternam músicas de ritmos fortes, trepidantes, com outras lentas. Ao final, o público pediu 'Óculos' mais uma vez e Herbert falou: 'Tá legal. Antes a gente vai fazer um super-reggae para acalmar e depois a gente derruba!'"[35]

Saindo de uma canoa cheia

A intimidade com o reggae não era nova, mas foi assumida sem pudor nem monogamia. A banda o frequentava desde o início, vide "Cinema mudo", do álbum homônimo de 1983, e "Ska", de *O passo do Lui*, de 1984 — para ficar em apenas dois exemplos marcados pelo ska, gênero jamaicano surgido no fim dos anos 1950, precursor do reggae. Mas não tardou para explorarem mais matizes do reggae que se ouvia entre músicos brasileiros.

Um marco nessa enveredada se deu no verão de 1984, quando fizeram seis shows com o jamaicano Jimmy Cliff, já uma referência para eles. "A gente achou muito legal uma banda de reggae funcionando bem, porque no Brasil custou a ter um reggae decente", diria Bi para Jamari França na biografia da banda. "Por mais que pareça fácil, você tem que saber falar aquela língua, a gente ficou muito impressionado e se esmerou mesmo em tocar reggae direito."[36] França viu no "curso intensivo de reggae" da excursão com Cliff um dos fatores da criação do disco — destacou, ainda, um redirecionamento da banda para ritmos do que era então considerado Terceiro Mundo e as pesquisas de Bi por sons da África e do Caribe. Por sinal, essas três motivações são indissociáveis.

Não tivesse Bi ouvido dezenas de LPs de música africana de um selo francês comprados em Santiago, no Chile, onde o pai dele foi embaixador por seis anos, a expectativa na safra 1985-86 teria sido outra — anos antes, o ritmo já o atraía, ainda mais após um inglês colega na UFRRJ lhe emprestar álbuns de jamaicanos. "Não sei o porquê, mas meu pai tinha uma coleção francesa de discos africanos. Havia música africana como registro sociológico e outras mais *african pop*. Comecei a comprar mais e fui me envolvendo nesse negócio de Jamaica-África. Eu não queria chegar a lugar algum, só queria conhecer e fui gostando, gostando", contou Bi 35 anos após a gravação.[37] Essa curiosidade foi decisiva para buscarem um ponto de interseção África-Jamaica-Londres-Bahia, opina Barone, que nunca esqueceu a cena de Bi carregando uma caixa da Tower Records, em Nova York, cidade-destino de compras de equipamentos: "Voltou com um caixote de discos de música africana! Era opressivo mesmo, muito legal. Isso foi orientando muito nossa tentativa musical que resultou no *Selvagem?*."[38] Foi como se o trio, disposto a tirar o rock inglês e a *new wave* do norte da bússola, ampliasse o tripé África--Jamaica-Bahia explorado antes por outro artista admirado por eles: Gilberto Gil, que havia feito, entre outras, "Não chore mais", versão para a canção de Bob Marley & The Wailers "No woman, no cry", e gravado "Vamos fugir" com os mesmos The Wailers na capital jamaicana, Kingston — essa faixa, dele e de Liminha, cúmplice de Gil na ida à Jamaica, entrou no disco *Raça humana* (1984). O reggae com sotaque abrasileirado era mais raro de se ouvir (o d'A Cor do Som e da Blitz em "Geme geme" são exemplos que ocorrem a Barone como investidas além das do trio e de Gil).

Uma constatação da banda à época foi que nem teriam sido necessários entrepostos de LPs como Santiago e Nova York para ter contato com texturas musicais afins aos sons afro-caribenhos. "Muita coisa que eu estava procurando no Caribe e na África já estava por aqui, como as músicas do Nordeste: xaxado, forró...", lembrou Bi.[39] "Tem muito de música africana misturada com a música europeia, assim como na música do Caribe. Ou a guitarrada do Norte, em Belém... Começamos a identificar coisas que ouvíamos do Terceiro Mundo aqui no nosso país." Tal identificação remonta à turnê pós-Rock in Rio, que pôs o trio mais sintonizado a pulsações fora do eixo Rio-SP-Brasília (ouviram reggae *made in* Maranhão, por exemplo), e à ida de Bi e Barone para o Carnaval de Salvador. Naquele 1985, a dupla sentiu o batuque do Araketu e outros blocos afro pouco conhecidos fora da Bahia, tiveram ótima primeira impressão de Carlinhos Brown, que viraria coautor do *hit* "Uma brasileira", também conheceram músicos como Tony Mola (um dos "pais do axé"), Ramiro Musotto e Cesinha e até deram canja no trio elétrico de Luiz Caldas, cantor que se projetaria meses depois com "Fricote", a popular "nega do cabelo duro". "A gente chapou com o que viu lá: 'a gente tá na África, isso aqui é a encruzilhada do planeta'. Foi incrível. Acho que aquele Carnaval foi o marco zero da *axé music*", contou Barone, recordando um tempo ainda sem aquele rótulo. "Foi uma experiência importante nessa tentativa de chegar a uma coisa brasileira, nessa tomada de direção." Como lembraria o baterista, já havia buscas por uma brasilidade em trabalhos de Raul Seixas, Os Mutantes, Novos Baianos e A Cor do Som. Também os Paralamas quiseram se renovar com aquele afã. "Seria uma clara intenção de a gente se diferenciar do nosso grupo. Estava todo mundo na mesma canoa do alegado 'rock Brasil'", disse Barone em entrevista para este livro.[40] "Parecia que era um movimento até pela maneira como a crítica musical tratava aquela movida, aquele ressurgimento do rock brasileiro. Parecia que era um negócio muito articulado, e não era." Daí o novo embarque.

Artistas e empreendedores de mais valor buscam algo em comum: ter criações originais, ou pelo menos diferenciadas. A inquietação de diversificarem os temperos na cozinha paralâmica não era inédita, mas a dose de novidades não tinha paralelo na discografia do rock dessa geração. Perguntado ainda em fevereiro de 1985 sobre o porquê de o rock ter vencido no Brasil, Herbert respondeu a Roni Lima, nas "Páginas Amarelas" da *Veja*, que a música brasileira em geral estava "parada e repetitiva" para os jovens a quem o rock se destina, exceto por experiências de artistas paulistas de vanguarda — citava Arrigo Barnabé, Itamar Assumpção e os grupos Premeditando o Breque e Língua de Trapo, tidos como "um barato superlegal".[41] Herbert completou a resposta para Lima com um olhar parecido com o que certos críticos depois lançariam a roqueiros daquela cena. "Havia um espaço vazio e o marasmo geral, com todo mundo praticamente reeditando todo ano um disco igual e com as mesmas fórmulas. De repente um grupo como a Blitz e artistas como o Ritchie e Lulu Santos fizeram sucesso e pegaram um público muito grande. Foi então que as gravadoras ficaram preocupadas: o que haverá por trás disso?" Passados dois, três anos de rock em alta, outra questão surgiu para além das gravadoras: a de quais viriam a ser os trunfos de roqueiros não mais novatos.

Veículo fora de controle

Ao repassar a concepção de *Selvagem?* em entrevistas, o trio também destacava — sobretudo Herbert — um desses fatos da vida que não se planejam nem se evitam. Em outubro de 1985, Barone fraturou a perna esquerda num acidente quando dirigia entre Porto Alegre e Florianópolis. O carro, uma Parati, seguia veloz e quando o músico foi mexer no dial do rádio, saiu do controle:

> O carro subiu no canteiro central, que era um canalzão assim de grama, perdeu a tração, começou a derrapar e eu dei aquela famosa freada de pânico. Aí o carro terminou de derrapar e de perder o controle, começou a capotar e a gente foi cuspido, a Márcia [namorada dele] pelo vidro de trás e eu pelo vidro da frente. Eu lembro de ter voado igual ao National Kid: "Pô, tô voando", e caí na grama.[42]

A pausa forçada na agenda de shows permitiu a Barone recuperar os movimentos e não impediu Herbert e Bi de testarem novidades usando uma bateria eletrônica. Numa de suas experimentações, Herbert criou o marcante *riff* de "Alagados" e julgou-a "meio samba-enredo" para ficar no repertório. Os demais paralamas não tiveram essa hesitação. Barone recorda a recepção ao que logo se definiu como carro-chefe do LP: "Ele veio apresentar a música pra gente achando que não íamos gostar por ser uma música muito fora do nosso contexto de rock e *new wave*. Quando mostrou, adoramos. Mostrou na sala da casa da Vovó Ondina, não foi nem no quarto." A reação seguinte é contada por Bi: "Ele disse que tinha feito uma letra que parecia meio samba-enredo, então fez a melodia meio samba-enredo. E a letra é genial. Na mesma hora paramos pra dar uma roupagem a ela e é a que tem até hoje. Tanto que a música é de nós três. Foi uma forma que estava internalizada na gente por ouvir músicas africanas e paraenses e que juntou à cara de samba-enredo carioca." José Fortes já a apreciava desde quando só havia a letra ("Li o manuscrito na turnê de

O passo do Lui, rodando o país, e me impressionou muito") e citaria a gravação da percussão como o momento mais marcante para ele nas sessões no estúdio.[43]

O período de pausa após o acidente foi frutífero. Para Herbert, o trabalho incessante estava saturando, ainda mais que não era raro ter dois shows por noite em resposta à grande procura nas bilheterias e à falta de mais datas livres. "Chegou um momento em que eu estava me sentindo tão mal, não estava conseguindo escrever mais nada, eu só pensava: 'Pô, eu queria que a gente parasse', mas eu não encontrava uma maneira racional de propor aquilo. Aí veio o acidente do João e eu, com as minhas coisas metafísicas, pus na cabeça que tinha mentalmente causado aquele acidente, olha que loucura!", contou para Jamari França na biografia da banda. "Sabia que ele não tinha morrido, que não estava correndo nenhum risco de nada, mas fiquei tremendamente mal." Em depoimento, também ali, Barone contou que os três viviam certa "depressão pós-parto" pelo sucesso de *O passo do Lui*: "Herbert falou que alguma coisa tinha que acontecer pra gente parar, aí coincidiu de ser um acidente. [...] Acabou que, de alguma forma, desaceleramos um pouco."[44] Eles logo sentiram que a fratura na perna poderia ser um daqueles males que vinham para o bem.

"A gente quase morreu, era tipo seis shows por semana, às vezes dois shows em uma noite, e com isso o disco foi lá em cima", disse Herbert sobre as 200 mil cópias até então vendidas de *O passo do Lui* no talk-show *Noites cariocas* (TV Record), de Scarlet Moon e Nelson Motta, ainda em 1985. "É um negócio fantástico [no Brasil]. Pra conseguir isso, você leva uma vida que não te dá oportunidade pra mais nada, eu me senti totalmente deslocado, totalmente distante de tudo que me estimulava a escrever — a minha vida, os meus amigos, o cinema, a rua, a praia, nada disso eu via mais. Era hotel-aeroporto-palco."[45] O letrista contou ter entrado numa espiral de autocobrança, imaginando expectativas de que falasse algo inteligente, mas sem se sentir apto. Esse olhar tornou ainda mais providencial a desacelerada do trio. Herbert contou:

> Aí eu fiquei em casa sem a responsabilidade, porque se eu pedisse: "Bom, preciso parar pra compor", eu ia sentir uma cobrança — "E aí, cadê as músicas? Você não pediu pra parar? Tá parado e cadê?" Mas a gente tava parado por um outro motivo. Aí em um mês e meio eu fiz tudo o que eu não tinha feito durante um ano, fiz todas as coisas que eu queria fazer e eu li muito, fui muito ao cinema, que é superimportante pra mim e ouvir discos, e as coisas começaram a vir numa velocidade impressionante.

Sem complexo pelos óculos

Enquanto sons com raiz na África e uma fratura deram sensações inéditas a Bi e Barone, Herbert renovava o jeito de ver. Os fãs não se cansavam de cantar "eu não nasci de óculos/ eu não era assim, não" e o autor dos versos, aos 24 anos, já estava farto de usar armações desde os 12. A cirurgia corretiva de miopia (tinha astigmatismo também) era uma opção extrema por não ser tão segura à época. O cantor, porém, relativizou os riscos, disposto a corrê-los não só nos olhos. "Eu tô começando tudo de novo, eu não uso mais óculos, ninguém me reconhece na rua, eu tô começando um trabalho que é novo, a gente é uma banda nova", avaliou no *Noites cariocas*.

Nessa fase, vivia com Paula Toller, vocalista do Kid Abelha, na Gávea, indiferente a olhares das "meninas do Leblon" — referidas no sucesso "Óculos" — e vizinho de seu depois produtor Liminha, e negou a *Veja* que tivesse um complexo de usar óculos. "Até aconteceu uma coisa engraçada depois do sucesso da nossa música. Um grupo de psicanálise me convidou para uma mesa-redonda sobre o trauma de usar óculos. Não fui, pois se meu problema fosse usar óculos, eu colocava lentes de contato. Quanto à música, ela não é sobre esse trauma de usar óculos, mas o trauma da rejeição que a cidade grande me causou", contou a *Veja*, atribuindo a letra à ideia da frase "por trás dessa lente também bate um coração", que julgou muito boa. "Isso significa que ali tem uma pessoa legal, que merece ser conhecida. Isto também se misturava com a sensação que eu tive quando cheguei ao Rio, quando não conhecia ninguém."[46]

A mudança de cidade não foi a primeira dele. Nascido em João Pessoa em 1961, Herbert tinha se mudado na infância para Brasília, onde o pai, oficial da Aeronáutica, ascendeu ao posto de brigadeiro e era responsável pelos voos da Presidência no governo Geisel. A sensação de deslocado em solo carioca, longe do círculo de amigos que tinha no Plano Piloto, esteve na origem de seu apreço pela música. No relato de Arthur Dapieve em *Brock: o rock brasileiro dos anos 80*, "odiou a cidade maravilhosa e se trancou em seu quarto, passando a se dedicar furiosamente à guitarra".[47] Quando a família se mudou para o Rio, em 1977, Herbert manteve contato com Bi, carioca amigo de adolescência que também morou em Brasília, mas logo retornou para a terra natal a fim de seguir os estudos.

O aspirante a baixista trouxe de uma viagem à Europa tanto seu instrumento quanto ecos do que chamou de "injeção de música brasileira" com o primo que vivia em Paris, amigo de Moraes Moreira, de Fagner, e fã de Jackson do Pandeiro. "Fora do Brasil comecei a dar valor às coisas daqui, foi impressionante. Eu só ouvia Deep Purple, e de repente descobri outro mundo. Comecei a dar valor e fiquei morrendo de saudade do Brasil. Isso foi vital", recordou Bi.[48] Vital também foi o nome do primeiro baterista a tocar com eles — depois referido em "Vital e sua moto", primeiro *hit* da banda. Ao fim do curso pré-vestibular, os três deixaram de se ver sempre: Herbert foi estudar Arquitetura na UFRJ, Bi faria Zootecnia na Rural (UFRRJ) e Vital Dias passou para Engenharia no Cefet. O fiel estudioso da guitarra sentiu desalento na Ilha do Fundão, *campus* onde fica a faculdade de Arquitetura: "Eu havia entrado na faculdade errada. O que eu queria era ser músico, e sofrera muito ao longo do primeiro ano."[49]

O reencontro definitivo entre o guitarrista praticante e o baixista ocasional se deu em meados de 1981. "O Bi disse que recomeçaria a tocar. Empurrei-lhe o baixo na mesma hora, e tocamos alguma coisa", recordou Herbert. "Sem sabermos, ali estava se iniciando uma onda de criatividade que envolveria pessoas que jamais se julgaram músicos, que envolveria espiritismo, arcanos superiores e inferiores, magos, profetas e astros, sítio, shows, mandingas de amor: era o início dos Paralamas do Sucesso."[50] O nome insólito atendia bem à proposta de soar irreverente.

Além do apartamento da avó de Bi em Copacabana e de um curso pré-vestibular no Centro (o Bahiense, frequentado por Herbert e Bi), o nascer dos Paralamas remonta a outro endereço: o *campus* da Rural em Seropédica, no início da antiga estrada Rio-São Paulo (anterior à Via Dutra). Foi lá que o baterista Vital faltou à canja que a banda deu no intervalo de um festival em 1981, o que colocou em cena João Barone, aluno de Biologia cujo apuro e dedicação à bateria o elevaram de substituto de última hora a titular definitivo da banda, a mais longeva de sua geração sem trocar integrantes originais. Nos idos de 1983, o trio já marcava presença em dois espaços ambicionados pela geração: a Fluminense FM, de Niterói, que irradiou gravações de sua caseira fita demo, e o Circo Voador, na Lapa, em cujo palco subiram pela primeira vez para abrir um show de Lulu Santos. A partir desses redutos do rock, o trio despertou a atenção de três gravadoras atrás de uma nova Blitz — Warner, PolyGram e EMI-Odeon (Universal desde 2012) — e assinou com esta última, que foi atrás da banda como quem contava com a sorte, conforme recapitularia Bi no outono de 2021: "O diretor artístico da parte internacional, Jorge Davidson, sugeriu que a EMI contratasse alguma banda nacional, pois não tinha ninguém. Mesmo ele ficou em dúvida entre a gente e uma banda chamada UPI. Não sabiam onde apostar... tanto que nos anos 80 todo mundo gravou porque eles não sabiam o que era bom. Então gravaram 100 bandas, sobraram 10, hoje tem duas, sei lá. Era como uma aposta na roleta."

Selvagem? tornou-se uma guinada na discografia dos Paralamas, que depois trariam mais instrumentistas a bordo, e no rock nacional, que mostrou de vez potencial para alcançar além das classes média e alta. Vendeu mais de 700 mil cópias e até entrou em rankings como os de cem maiores discos brasileiros dos júris da revista *MTV* (11º lugar, em 2003) e da *Rolling Stone* (39º lugar, em 2007), que tiveram *Tropicália ou Panis et Circencis* e *Acabou chorare* dos Novos Baianos, nos respectivos topos,[51] e foi sexto entre os vinte maiores álbuns nacionais de pop-rock da *Showbizz* (1997).[52] Em 2022, obteve o 24º lugar nos quinhentos maiores álbuns brasileiros do júri do *Podcast Discoteca Básica*, liderados por *Clube da esquina,* de Milton Nascimento e Lô Borges, e quinto lugar na enquete de *O Globo* sobre os melhores discos dos últimos 40 anos.[53] Entre os rankings mais remotos e estes dois recentes, o disco foi tocado na íntegra em 2011, após 25 anos de vida, como primeiro show nacional do projeto de *crowdfunding* Queremos. "*Selvagem?* é uma assinatura do que são os Paralamas e dali pra frente foi aquilo ali", avalia o empresário José Fortes.[54] "Ali foi dado o que seriam os Paralamas pelo resto da carreira."

Manuscrito da letra de "Melô do marinheiro",
de João Barone, 1985.

4. Sons de transições entrelaçadas

> A proa é que é,
> é que é timão
> furando em cheio,
> furando em vão. [...]
> Soa que soa
> fendendo a vaga,
> peixe que voa,
> ave, voo, som.
>
> — JORGE DE LIMA, "Invenção
> de Orfeu", 1952[55]

Na mitologia grega, Orfeu é um músico e poeta admirado que, após perder a amada Eurídice devido a uma picada de cobra, fica de luto e troca a lira e os versos pelo silêncio. Devido à atitude do jovem, motivada pelo infortúnio precoce, dois deuses se dispõem a livrar Eurídice do inferno, desde que Orfeu não olhe para ela até saírem de lá. Nas artes, tão duvidosa quanto a viabilidade do resgate de Eurídice é plasmar uma identidade nacional na criação. Nem por isso se deve preterir tal horizonte — da ninfa ou dessa identidade coletiva. Houve brasileiros que saíram nessa busca quiçá mitológica, como Jorge de Lima em

Invenção de Orfeu, os Novos Baianos no icônico LP *Acabou chorare* (1972) e os Paralamas em *Selvagem?*.

No livreto da caixa de CDs *Pólvora*, com os oito primeiros discos dos Paralamas remasterizados, a jornalista Ana Maria Bahiana dizia que o disco de 1986 enaltecia ser brasileiro, como *Acabou chorare* fez antes, e ressaltava que "um Brasil livre é um Brasil melhor, mas não necessariamente o Brasil que seu povo merece". E acrescentou que o álbum do trio "tematicamente é fruto tanto da renascida democracia do Brasil, da capitosa liberdade provocada pelo escancarar das portas, janelas e porões ideológicos quanto do desencanto com suas ambiciosas mas tardias promessas".[56] Os versos casaram bem com o ritmo das músicas tanto quanto com o compasso do país que pediu Diretas Já e sorriu com Tancredo, mas se resignou às indiretas e ao semblante constrito de Sarney — que seu governo alastrou pelo povo à medida que exibiu mais continuidades do que mudanças.

Pela primeira vez a banda gravou fora dos estúdios da EMI-Odeon, o que denotava o ânimo da gravadora em investir mais alto. Para a produção, o trio convidou Liminha pelo trabalho bem-sucedido com nomes como Lulu Santos; e ele conduziu as gravações em fevereiro e março de 1986 no estúdio Nas Nuvens, aberto meses antes com Gilberto Gil. Profissional tido como alguém de presença marcante em gravações, Liminha avaliaria como reduzida sua intervenção em *Selvagem?*. "Não foram feitas mudanças radicais, sabe? Não foi um disco criado em estúdio", disse o produtor no programa *Discoteca MTV* sobre o álbum.[57] "Esse disco é um divisor de águas no trabalho dos Paralamas e indica também um caminho pro rock." Antes mesmo das sessões definitivas, as faixas foram pré-gravadas ali, permitindo aos músicos revisar e burilar versões após ouvirem o material em fitas tocadas em seus *walkmans* na reta final da turnê anterior.

O trio habituado a ensaiar e gravar nas mesmas salas viu na mudança de ares um estímulo a mais para soar diferente. A diferença começava pela própria forma como criaram certas faixas, ainda em meio às sessões no apartamento da avó de Bi. Às vezes, o baixista e o baterista chegavam antes de Herbert e não esperavam o trio ficar completo para testar novos sons — assim nasceram as bases rítmicas de "Selvagem" e "A novidade". "A gente ficava tocando, levando um som, fazendo uns *grooves*, como a gente falava. Depois o Herbert chegava, falava 'isso tá legal... não-sei-quê' e acrescentava a parte dele nessa composição interativa nossa ali", diz Barone, realçando que outras faixas seguiam a linha de composição em álbuns anteriores — e posteriores, aliás. "Outras vezes ele chegou com as coisas mais prontas. O Herbert sempre teve uma primazia na composição, ele chegava com as músicas muito prontas e a gente botava a nossa parte para dar aquele DNA paralâmico. Mas no *Selvagem?* lembro que eu e Bi tivemos essa participação de fazer estruturas que pudessem ser aproveitadas como canções." Um aliado na criação foi um estúdio portátil Fostex X18 de quatro canais, comprado por Herbert nos Estados Unidos para guardar seus esboços em fitas cassete.

Semanas antes do lançamento, jornalistas setoristas de música recebiam telegramas curtos da equipe de divulgação da gravadora para atiçar a curiosidade pelo que viria.[58] A própria banda fez o *release* do LP e realçou sua inversão da habitual sequência de criar a base rítmica por último:[59]

Selvagem?

Em meados de 85 nos vimos diante de uma situação ao mesmo tempo sonhada e temida. Havíamos iniciado o ano com duas apresentações no Rock in Rio que tiveram mais repercussão do que tudo que fizemos até então. Tínhamos na mão um LP em plena vigência, com ótima repercussão de crítica e público e com uma vendagem que não podíamos sonhar após as 4 mil cópias vendidas do nosso primeiro LP *Cinema mudo*.

Com tudo isso, estávamos esgotados. Foram 120 shows pelo país em 1984, mais cem de janeiro a julho de 85. Sobre o que falar, então? Sobre as turnês, quartos de hotel? Eis a questão: quanto pode o artista se distanciar dos impulsos criativos que o tornaram bem-sucedido? As ondas de estímulo do mundo, os livros, o cinema, a rua, os amigos, o nada-pra-fazer decididamente não são compatíveis com o disco anual.

Decidimos então esquecer datas, compromissos e finanças. Simplesmente sentar e tocar, ir vivendo, deixando que as ondas do mundo chegassem a nós. Ou seja: voltar para casa, começar do zero, ouvir muita música e descobrir o que realmente gostaríamos de fazer e sobre o que gostaríamos de falar. Foi daí surgindo então a nossa tradução do que vínhamos ouvindo há tempos, do que mais nos interessava: os sons africanos, o *swing* bahiano e os *dubs* jamaicanos, a tecnologia usada ao avesso.

O reggae, aliás, tem esta rara particularidade: se presta a todo o tipo de experiência, sem falso puritanismo. A técnica *dub*, mãe de sons intrigantes, nasceu dos muitas vezes rudimentares estúdios jamaicanos.

Quando nós sentamos nos Estúdios Vovó Ondina, não tínhamos sequer uma canção. Mas desde que compusemos o que iria se tornar *O passo do Lui* vínhamos ouvindo cada vez mais reggae, música africana e funk, e sabíamos em que direção gostaríamos de seguir. A sensação de um trabalho bem-acabado, encerrado em si mesmo, dava lugar a uma nova perspectiva: a ideia da não-canção, da experimentação, do *groove*, da linearidade. Fugir um pouco da estrutura tradicional que exploramos no disco anterior. É como compor ao avesso.

Pequenos fragmentos então foram a nossa matéria-prima, como a linha de baixo e o fraseado de "Alagados" ou o *riff* de guitarra de "Selvagem?" em cima de uma linha de reggae. Começamos a registrar todas as ideias num pequeno Fostex de quatro canais e a fazer experiências com as técnicas de *dub* tão usadas na Jamaica. Todo dia uma nova ideia entrava no "Liquidificador". Provavelmente cada música de *Selvagem?* passou por umas dez versões diferentes, até atingir a forma final. Chegamos a um ponto em que tínhamos 70% do disco pronto, mas sem as letras, e adoramos, porque, quando se parte da ideia rítmica da intenção estética e não da canção (melodia e harmonia), é muito mais fácil dar ao trabalho a direção que se pretende.

Chegamos a um consenso no aspecto sonoro e isso nos tirou um peso imenso dos ombros; as letras não teriam que carregar as canções mas sim se integrar ao ritmo. É o caso da "Melô do marinheiro", uma frase de baixo que se repete infinitamente, e sobre a qual corre uma melodia de uma nota só, enfatizando o ritmo. Ou, num outro extremo, um paradoxo como "O homem", que mistura um ritmo básico e pulsante com uma ideia complexa: o homem tem dentro de si todos os impulsos. Escolher a "santidade" ou o "pecado" é como amputar um membro. É tentar dissociar as partes entrelaçadas, ambas legítimas.

Selvagem? é um disco sem truques. Não estamos em busca de raízes ou conciliações. Estamos estimulados pela experiência de abrir uma porta e dar com uma sala maior que a que estamos.

Este é o nosso primeiro passo, e ele não seria possível sem o entusiasmo constante e a maestria técnica de Liminha (membro honorário do grupo), de seu fiel escudeiro Vitor Farias, e sem o apoio e o incentivo da nossa equipe (alô Zé, Big, Pedro, Savalla) e dos nossos amigos (alô Alexandre, Mauro B., Maurício, Jorge D.). A eles o nosso mais profundo agradecimento.

Rio, abril de 86
Os Paralamas do Sucesso

Se buscar raízes ou conciliações não estava no radar inicial dos músicos, como eles declararam, o fato é que a banda inovou com sua mescla original de som, texto e contexto a cada faixa — e é desta combinação que nos ocupamos aqui (já a recepção do disco, por sua vez, será foco do Capítulo "Outras marés, outro rock", adiante).

Alagados

Todo dia
O sol da manhã vem e lhes desafia
Traz do sonho pro mundo quem já não queria
Palafitas, trapiches, farrapos
Filhos da mesma agonia

E a cidade
Que tem braços abertos num cartão-postal
Com os punhos fechados na vida real
Lhes nega oportunidades
Mostra a face dura do mal
Alagados, Trenchtown, Favela da Maré

A esperança não vem do mar
Nem das antenas de tevê
A arte de viver da fé
Só não se sabe fé em quê
(Música: Herbert Vianna, Bi Ribeiro e João Barone;
letra: Herbert Vianna)

Como cantar a miséria vivida por uns com empatia sincera, sem posar de piedoso? Essa faixa de abertura é uma resposta cabal à questão, nada abstrata no Brasil. Para o ex-estudante de arquitetura Herbert Vianna, as moradias próximas à faculdade que frequentou na Ilha do Fundão ilustravam um drama diário das periferias e seus moradores. Memórias a bordo de um ônibus que tangenciava a Maré inspiraram tal proposta de travessia não prevista no trajeto do coletivo — e não apenas dele.

Fã de romances de Jorge Amado e do reggae dos jamaicanos, o letrista fez do refrão uma ponte ligando a Maré, Alagados (Salvador) e Trenchtown (Kingston, capital da Jamaica). Suas escalas eram tão desconhecidas que muitos ouvintes erravam os nomes ao soltar a voz por não entenderem o trecho entoado "Alagados, Trenchtown, Favela da Maré". Houve quem cantasse "Alagados, Flintstones, Favela amarela", garantiram Luiz André Alzer e Mariana Claudino no *Almanaque Anos 80*[60] (outras pessoas, "Alagados, sem sal"; este autor aqui ouvia "cristal"). Foi como se a letra incluísse novidades na cartografia mental do público — uma inserção bem-vinda.

Os Paralamas estavam em estúdio, em março de 1986, quando Amado concluía a versão definitiva (40ª edição) de seu guia-tributo de Salvador, escrito 42 anos antes sobre uma capital de outras feições, mas ainda "uma cidade onde a magia faz parte do quotidiano". Em "Convite", introdução de *Bahia de Todos-os-Santos: Guia de ruas e mistérios*, Amado expõe sua proposta de ciceronear leitores não só por bairros ricos, mas tomando ônibus superlotados e descobrindo a miséria "se repetindo nos casebres das invasões, Massaranduba, Coreia, Cosme de Faria, Uruguai, iremos aos cortiços infames, cruzaremos as pontes de lama dos Alagados".[61]

Se a cidade de braços abertos no cartão-postal tem a Maré na "face dura", a protagonista do guia é igualmente heterogênea. Sobre Alagados, Amado diz que "a imensa cidade de palafita sobre a lama nada tem de pitoresca. É a miséria em sua maior crueza, espetáculo deprimente e revoltante". Assim como Gilberto Gil foi chamado para um dueto com Herbert nessa polaroide da miséria sem alívio urbanístico nem de outro tipo, o autor-cicerone escalara uma participação especial no trecho sobre a cidade de palafita: o pintor Jenner Augusto, que deu tintas a Alagados numa obra que, para Amado, torna a vida na lama ainda mais dramática e "adquire a dimensão de uma denúncia, de um grito de protesto",[62] avalia, em termos reaplicáveis à letra de Herbert — sua influência no cantor se viu depois em "Jubiabá" e "Lanterna dos Afogados", de *Big Bang* (1989).

Bairro favelizado no qual se formaram reggaeiros como os Wailers, do lendário Bob Marley, Trenchtown (ou Trench Town) reivindica-se "berço do reggae", ritmo mais popular na Jamaica e outrora renegado por autoridades por verem nas letras incitação à rebelião e ao crime. Foi lar de posseiros e migrantes de zonas rurais, teve fama de gueto de risco na onda de violência política dos anos 1970 e se degenerou quando o tráfico internacional de drogas e a violência das gangues avançaram em Kingston. Após a antiga casa de Bob Marley virar museu, Trenchtown se tornou destino de visitantes fora do circuito habitual. Europeus e norte-americanos brancos são a maioria desse público, que às vezes inclui jamaicanos de classe média e ascendência africana ou mista.[63]

E a Maré? Quem transita entre o aeroporto Tom Jobim/Galeão e a cidade avista a comunidade junto à Linha Vermelha, via expressa dali. Fora do refrão de "Alagados", ficou impreciso chamar de favela essa região antes entre manguezais e alagadiços às margens da baía de Guanabara. Há tantas comunidades que o local se tornou conhecido como Complexo da Maré, nome que não seria tão eufônico quanto "favela" para a estrofe. Tal como Alagados e Trenchtown, é uma das expressões da segregação urbana resultante da desigualdade, ilegalidade residencial e violência. Mas a longa disputa de territórios por facções criminosas, geradora até de sua "Faixa de Gaza", impediu-a de se tornar uma opção de turistas desejosos de vivenciar sensações de autenticidade. Um raro aparelho cultural ali é um centro de arte criado em 2005 como Lona Cultural Herbert Vianna — patrono eleito por moradores com motivos de sobra para reconhecer um artista que notou seus sonhos e moradias (a biblioteca popular ali instalada atende pelo nome Jorge Amado, escolha justa).

Pares sugestivos de palavras se vinculam à rima entre os versos: dia/desafia, queria/agonia, cidade/oportunidades, postal/(real)/mal, Maré/fé, tevê/quê. Cada rima convida a reflexões férteis, mas privilegiemos dois pares inevitáveis quando se pensa nas faixas de *Selvagem?* como crônicas de meados dos anos 1980: cidade/oportunidades e Maré/fé. E até façamos rearranjos que não se atêm às rimas e nos dão nova profundidade: cidade/Maré e oportunidades/fé. Afinal, quem negaria que "Alagados" é um olhar sobre as cidades e a fé?

Num desses polos, a "face dura do mal", a cidade se justapõe (ou se opõe) às oportunidades e à Maré. Em metrópoles mundo afora, periferias cresceram como lugar de/para trabalhadores pobres e, no Brasil e em outros países, essas áreas afastadas se tornaram a opção viável de residência para a crescente mão de obra nas cidades em processo de industrialização. "Entre 1930 e 1980, o desenvolvimento das periferias urbanas e a institucionalização dos direitos sociais fundados no trabalho urbano consolidaram um padrão centrífugo de segregação nas cidades brasileiras e modernizaram a já diferenciada cidadania dos brasileiros", constatou o antropólogo James Holston em *Cidadania insurgente*, destacando um descompasso entre cidades e cidadãos.[64] "Assim, a segregação espacial e a diferenciação da cidadania foram processos simultâneos num projeto de modernização nacional." O relevo do Rio permitiu segregação pelas coordenadas (norte/sul, oeste/além-baía) e pela altitude (morro/asfalto), todavia, por estar no nível do mar, a Maré não se distinguia do asfalto. Em tese.

O simbólico e o material também se articulam no outro polo da letra: a interface da fé como eixo. Eram anos de expansão para denominações evangélicas, como ressaltaram os autores de *1985: O ano em que o Brasil recomeçou*. "Não se podia imaginar o enorme poderio político e econômico que as igrejas evangélicas logo obteriam. Afinal, eram religião apenas de uma minoria", recordam Edmundo Barreiros e Pedro Só.[65] No fim da década, o fundador da Igreja Universal do Reino de Deus comprou a TV Record, rimando "arte de viver da fé" com antenas de TV.

No curto ensaio "Trench Town Rocks", Mario Vargas Llosa abordou a fé e a música de Bob Marley e disse poder respirar no bairro o fermento social de sua filosofia e sua música. "As moscas e os montes de lixo, as coleções heterogêneas de bugigangas com as quais os pobres construíram suas casas em ruínas, são as mesmas de qualquer favela do Terceiro Mundo", nota, aludindo às ruas violentas e espirituosas da juventude do cantor.[66] "A diferença é que aqui, além da sujeira, da fome e da violência, para onde quer que se vire se percebem cheiros daquela 'religiosidade em estado primitivo' que Claudel vislumbrou na poesia de Rimbaud." Todos sabiam onde estava a fé do cantor, adepto do rastafári, mas o jamaicano teria se frustrado com a visita à África e a descoberta de que não era a terra da salvação para os negros, como ele julgara até então. "Dali em diante, ele se tornou menos preocupado com a 'negritude' e mais ecumênico, e sua pregação pacifista e apelos à espiritualidade foram mais intensos", anotou Mario Vargas Llosa.[67]

Cidades e fé sempre estiveram juntas, seja na vida de um herói do reggae, seja em polos urbanos crescidos ao redor de locais de culto. Algo que não se via junto, ou melhor, só se fundiu de "Alagados" em diante, foram o rock, o samba, ritmos africanos e da região Norte. Esse divisor de águas teve sucesso tanto no Brasil quanto em mercados latino-americanos como a Argentina e o Chile, tornando-se um dos cinco maiores *hits* da centenária multinacional EMI.[68] Vale ainda acrescentar: é uma das duas faixas dos Paralamas — a outra é "Lanterna dos Afogados"— na seleção de Nelson Motta em *101 canções que tocaram o Brasil*, livro em que os outros clássicos vão de "Ó abre-alas", de Chiquinha Gonzaga, até "À procura da batida perfeita", de Marcelo D2.[69]

Ao contrário da referida frustração de Bob Marley com a ida à África, a viagem dos Paralamas pelos sons desse continente não os frustrou. Lá encontraram inspiração para sua singular linha de guitarra. "Eu já tinha disco de música africana desde o início dos anos 80", disse o antropólogo Hermano Vianna, irmão de Herbert, para o biógrafo da banda Jamari França, negando haver uma ideia prévia da rota do trio.[70] Hermano acrescentou:

> Esse disco [a coletânea *Sound d'Afrique*] tinha muitas coisas do Zaire, que são as coisas básicas da influência de guitarra que tem em "Alagados". [...] não teve nenhuma conversa com o Herbert de faz isso agora ou vamos fazer isso, era principalmente o que a gente estava escutando e também no que a gente ficou mais interessado a partir do momento em que toda aquela primeira onda do punk e pós-punk já estava vivendo um período de desgaste.

A saída do trio foi voltar a nau para outros paradeiros, fossem no Zaire (atual República Democrática do Congo), na Jamaica ou na Bahia de Jorge Amado.

Disposta a singrar com o rumo em aberto, a banda reuniu várias referências do périplo, como recordou Hermano em texto no qual homenageia o irmão laureado em 2020 pela União Brasileira de Compositores:

> A guitarra de "Alagados", hoje parte da consciência sonora coletiva do Brasil, tem a influência direta de vinis que garimpei em lugares diferentes, das primeiras coletâneas internacionais de rumba congolesa ao LP de Lima, o guitarreiro da Amazônia, pseudônimo do saudoso mestre Vieira. No final dessa faixa, pouca gente escuta um "viva Paulinho da Viola", cuja obra ouvíamos sem parar no início dos anos 1980, junto com o *Sandinista!*, do The Clash.[71]

As referências são tantas e difíceis de mapear que a palavra de um observador privilegiado da criação muito acrescenta aqui (ver olhares do trio em "Veículo fora de controle" e "'Mais espaço para ver o mundo'"). Se a linha de guitarra virou "parte da consciência sonora coletiva", o batuque dinâmico, sem paralelo até então no rock, dialogou com o inconsciente nativo. O frescor ímpar se deveu ainda ao percussionista Armando Marçal, que também participou de "Teerã" e "Você" e cujos tamborim, cabaça e conga ajudam a solidificar a base com Bi e Barone. O protagonismo do teclado tocado por Liminha parece pela abertura até vir para ficar, mas é puro despiste: como num drible, sai-se de uma rota pop oitentista e ginga de lado — a linha de teclado foi pensada com um quê da banda caribenha Kassav, como recordou Barone, para quem o ponto alto das gravações foi a sessão com Gil registrando a voz (mesmo gripado, para evitar uma remarcação dificultada pelas agendas).

Foram gravadas cinco guitarras direto na mesa (duas base, duas solo e, na mão de Liminha, a guitarra ritmo com *phase* ao fundo), o baixo por meio do amplificador e a bateria com microfones captando muita ambiência, como Herbert relatou à *Mix*, revista de música e equipamentos.[72] Havia uma percussão eletrônica que podia soar como cuíca e, trocando o chip, soava até como um piano (útil em "A novidade") e um gongo chinês ("Selvagem"). O álbum não saiu com a primeira gravação da faixa de abertura. "Refizemos a batera em cima do clic [metrônomo eletrônico] e João mudou alguma coisa na acentuação do bumbo e a música ficou realmente mais solta, com um resultado bem melhor. Aí ficou tão melhor que também resolvi refazer as guitarras, ficando apenas o baixo da gravação original", contou Herbert na *Mix*. A propósito, meio encoberto pela percussão havia o "viva" nas vozes de Bi e Barone não só a Paulinho da Viola, mas a Gilberto Gil, Jorge Ben, Luiz Melodia, Tim Maia e à banda Obina Shok.[73] Era a tradição da MPB negra sendo reverenciada ali.

Teerã

> Por quanto tempo ainda vamos ver
> Fotografias pela manhã
> Imagens de dor
> Lições do passado
> Recentes demais para esquecer
>
> E o futuro o que trará
> Para as crianças em Teerã
> Brincar de soldado por entre os escombros
> Os corpos deitados não fingem mais
> E as marcas de sangue no chão são lembranças difíceis de apagar
> Será que ainda existe razão pra viver em Teerã?
> Em Teerã
>
> Por quanto tempo ainda vamos ter
> Nas noites frias e nas manhãs
> Imagens de dor
> Em rostos marcados
> Pequenos demais pra se defender
>
> E o futuro o que trará
> Se essas crianças vão sempre estar
> Pedindo trocados pros vidros fechados

Sentando no asfalto sem perceber
Que as marcas de sangue no chão são lembranças difíceis de apagar
Será que ainda existe razão pra viver
Em Teerã
(Música: Herbert Vianna, Bi Ribeiro e João Barone;
letra: Herbert Vianna)

Assim como as periferias do Rio, de Salvador e de Kingston, a capital iraniana podia estar logo ali — e estava, na crítica social de "Teerã". Depois da arte de viver da fé, o foco foi a arte de sobreviver à guerra, sobretudo por gerações que a viviam na infância. O conflito Irã-Iraque entrava no quinto ano em setembro de 1985 (durou quase oito anos, com o número estimado de 1 milhão de mortos). Traumas de guerra em crianças eram um tema ainda mais atípico num país em que a irreverência predominava entre roqueiros (letras políticas, no sentido mais panfletário, partiam mais de bandas punk e pós-punk, como a Legião Urbana). Ouvir e cantar "Brincar de soldado por entre os escombros/ Os corpos deitados não fingem mais" era desconcertante; talvez soe menos radical de lá pra cá — ainda menos após versos políticos como os do U2 e os de Peter Gabriel naquela década.

Eis outra letra que remete a um lugar distante para a maioria do público. Mas engana-se quem só ouve a abordagem de uma infância real que nos é estrangeira. Pelo título, a letra parece pautada apenas na vida entre escombros da guerra no Irã, mas depois expõe uma cena reconhecível em ruas brasileiras ("Se essas crianças vão sempre estar/ Pedindo trocados pros vidros fechados/ Sentando no asfalto [...]"). Entre a estrofe que cita "as crianças de Teerã" e uma que diz "essas crianças", há outra virada expressiva: "Em rostos marcados/ Pequenos demais pra se defender" é um fecho de estrofe mais universal do que "Lições do passado/ Recentes demais para esquecer".

Imagens na imprensa exibiam vítimas de guerras contemporâneas à música, que remetia a lições do passado ainda presentes. No ano anterior ao disco, o rosto de uma menina de olhos verdes e véu vermelho se tornou um ícone do drama de famílias em situação de refúgio. Na capa da *National Geographic* de junho de 1985, via-se uma menina afegã que parecia olhar os leitores da revista pela lente do fotógrafo norte-americano Steve McCurry. A órfã, chamada Sharbat Gula, morava num campo de refugiados no Paquistão, um "mar de tendas", segundo a reportagem "Uma vida revelada", de 2002. "Seus olhos são verdes como o mar. Eles são assombrados e assustadores, e neles você pode ler a tragédia de uma terra drenada pela guerra", escreveu Cathy Newman, acrescentando que a menina, durante 17 anos era conhecida apenas como *Afghan Girl,* sem que alguém sequer soubesse o nome dela. "Seus olhos desafiam os nossos. Acima de tudo, eles perturbam. Não podemos nos desviar deles."[74]

Sharbat Gula não era uma das crianças de Teerã cantadas a partir de 1986, mas era como se fosse. Tinha deixado sua pátria para fugir da Guerra Afegão-Soviética (1979-89), que desterrou grandes levas de afegãos — um dos destinos de refúgio foi o território paquistanês; outro... o Irã. Após andarem por montanhas uma semana debaixo de neve, Sharbat, a avó, o irmão e as três irmãs se radicaram numa das tendas montadas no Paquistão. E o futuro, o que a garota afegã poderia esperar dele?

O drama da infância perdida, nunca reencontrável, inspirou mais do que uma boa letra. Foi semente de feitos como a Unicef, fundo das Nações Unidas para a Infância, criado em 1946, e o Movimento Nacional de Meninos e Meninas de Rua, nascido em 1985 com apoio inclusive do Unicef e que, no ano seguinte, promoveu um encontro nacional de crianças em situação de rua em Brasília para mostrar a capacidade de reivindicar. "A questão dos menores é vista como isolada de outras questões sociais", afirmou seu coordenador no Sudeste, Reinaldo Bulgarelli, criticando o desafio ser minimizado pelos sindicatos, por exemplo.[75] A entidade buscou aproximar a causa de mais e mais cidadãos. Nada tão distinto da ideia dos Paralamas ao cantar — e se indagar — sobre as crianças nas ruas, "pedindo trocados pros vidros fechados" neste reggae bem temperado por Bi e Barone que pode soar datado a ouvidos do século XXI. O baterista, aliás, fez marcações nos pratos que talvez soem como o fechar, se não de vidros de carro, de portas indiferentes à idade dos excluídos.

Cerca de uma década após a criação, Herbert avaliou que "Teerã" poderia ter ficado melhor. Numa entrevista ao cantor Leoni para o livro *Letra, música e outras conversas*, o vocalista dos Paralamas considerou-a um "exemplo clássico de um equívoco" por julgar a letra não tão bem resolvida e a música uma emenda aquém da versão original. A música foi recriada por ter um *riff* de guitarra igual ao de "Primeiros erros", de Kiko Zambianchi, que estourou logo após ser lançada, em 1985. "Era exatamente a mesma sequência de acordes. Aí eu falei: 'Bom, não dá pra usar mais a música assim.' A gente começou a buscar uma outra forma e forçamos a mão num reggae. Não era a natureza da música, a letra já não era lá nenhum achado", avaliou Herbert, que recordou que a forma original da música podia ser gritada com menor controle, enfatizando mais as palavras.[76]

As cópias do álbum em fitas cassete e, nos anos 1990, em CD traziam como faixa-bônus "Teerã dub", sendo o *dub* uma versão instrumental de efeitos eletrônicos e eco caribenho — e era algo nunca feito no Brasil até então. "Na Jamaica é assim: o cara lança uma música, um compacto, e de um lado é a música e do outro lado o *dub* dela mesma", lembrou Bi Ribeiro em entrevista aos 30 anos do disco.[77] "E a gente ouvia aquilo ali e ficava com vontade de fazer uma. Daí pegamos um reggae bem clássico, bem bob-marleyano, que é 'Teerã', e fizemos essa experiência."

A novidade

    A novidade veio dar à praia
    Na qualidade rara de sereia
    Metade o busto de uma deusa maia
    Metade um grande rabo de baleia

    A novidade era o máximo
    Do paradoxo estendido na areia
    Alguns a desejar seus beijos de deusa
    Outros a desejar seu rabo pra ceia

    Ó mundo tão desigual
    Tudo é tão desigual
    De um lado este carnaval
    De outro a fome total

    E a novidade que seria um sonho
    O milagre risonho da sereia
    Virava um pesadelo tão medonho
    Ali naquela praia, ali na areia

A novidade era a guerra
Entre o feliz poeta e o esfomeado
Estraçalhando uma sereia bonita
Despedaçando o sonho pra cada lado
(Música: Herbert Vianna, Bi Ribeiro e João Barone;
letra: Gilberto Gil)

Os Paralamas já contaram a história dessa parceria com Gilberto Gil em tantas entrevistas que abrimos aqui com o relato do letrista. As gravações do disco já estavam avançadas, mas faltavam os versos para esta música, a última da safra gravada no Nas Nuvens. Gil faria um show em Florianópolis e, sem margem para esperar seu retorno, a banda remeteu uma gravação instrumental por Sedex: "Fui pro hotel e botei a fita no gravador. Depois de umas quatro passadas, saí anotando. Eram mais ou menos duas da tarde. Às três horas eu estava ligando pro estúdio já para passar a letra. Foi uma coisa assim: bum!", narrou Gil.[78] "A letra veio como um tiro certeiro, absolutamente de chofre, inteira. E de um modo surpreendente até pra mim, porque, mesmo sem tempo pra qualquer avaliação crítica no dia seguinte, resultou no que eu acho um dos meus melhores textos — pela escolha e pela maneira de tratar o assunto, pela concisão e pela elegância da construção.

A perspectiva do letrista incluía a vista da janela do quarto do hotel, a qual rendeu a ideia de uma sereia vindo dar à praia. "Eu estava escrevendo na mesinha de frente para a janela, com a visão do mar ao fundo", prosseguiu, citando um estímulo sonoro além do visual. "Algumas sílabas no início do cantarolar do Herbert na fita me insinuaram algo que soava como a palavra 'novidade', e eu aproveitei essa sugestão sonora. O restante veio por acaso mesmo."

Curioso que a admitida dificuldade de criar a letra tenha ocorrido numa fase tão fértil de Herbert. "Foi a última faixa que a gente fechou do disco, aí a gente não conseguia, não saía a letra: 'Pô, vamos mandar pro Gil.' Mandamos", lembrou o cantor na biografia do trio.[79] No vídeo pelos 30 anos da banda, ele e Barone lembraram da reação quando do telefonema em que o autor da letra a passou. "Ele começou a me ditar pelo telefone e eu entrei instantaneamente num CTI emocional porque foi sobrenatural", contou Herbert em trecho sucedido pelo baterista acrescentando que o cantor ia ficando emocionado até chorar enquanto anotava a letra.[80] Só fizeram uma ligeira troca no refrão: Herbert incluiu "tudo é tão desigual" no lugar da repetição de "mundo tão desigual".[81]

Como a sereia imaginada pelo letrista já foi abordada no Capítulo 1 como imagem da desigualdade, cite-se aqui outra engenhosidade. Letra e música unem contrastes que se reforçam: a rima tônica do refrão de "desigual" (duas vezes), "carnaval" e "total" é intercalada por repetições onomatopaicas de "ô" ("ô-ô-ô-ô-ô-ô-ô"). Mas voltemos à fala do letrista. "O tema da desigualdade sempre fez parte do modo de inserção da minha geração na discussão dos problemas da sociedade; do nosso desejo de expressá-los", notou Gil. "Universitário por excelência, o tema é, portanto, anterior e recorrente em meu trabalho. Está em 'Roda', em 'Procissão', em 'Barracos'. Agora, em 'A novidade', a imagem da sereia é que dá a partida para o tratamento da questão; a novidade é essa. Pode-se imediatamente pensar no Brasil, mas é sobre o Terceiro Mundo em geral; mais: sobre todo o 'mundo tão desigual', mesmo, de que fala o refrão." Poucas recapitulações de um autor podem ser tão férteis quanto esta, que articula sua vida, sua obra e a persistência — a perder de vista — da desigualdade como um desafio coletivo na agenda nacional (a concentração de renda fez o Brasil chegar aos anos 2020 no Top 5 dos países mais desiguais nesse ponto, superado somente por Qatar, Malawi, Moçambique e República Centro-Africana).[82]

Há olhares distintos para a desigualdade nessa *playlist* elencada por Gil, com músicas lançadas num compacto de 1965 ("Roda" e "Procissão") e em discos de 1985-86 ("Nos barracos da cidade" e "A novidade"). Em "Roda", parceria de Gil com o ator e diretor teatral João Augusto (gravada por Elis Regina em 1966), o eu lírico critica a subtração de bens de quem já tem pouco ("Seu moço, tenha vergonha/ Acabe a descaração/ Deixe o dinheiro do pobre/ E roube outro ladrão") e ataca a desigualdade antes do túmulo, que cobra um preço. As covas são vistas como um fim desejável para a base da pirâmide social e, depois, destino aplicável a exploradores ("Seu moço, tenha cuidado/ Com sua exploração/ Senão lhe dou de presente/ A sua cova no chão"). Na letra de "Procissão", feita com o ator Edy Star, a distribuição desigual de recursos (e fardos) não gera a contestação em terra, mas anseios por uma reparação que só a fé explica ("Eles vivem penando aqui na terra/ Esperando o que Jesus prometeu"). Este lado B do compacto de 1965 fecha com a crença no fim da desigualdade da vida dentro e fora do sertão, graças à intervenção divina, e não à ação humana ("Meu sertão continua ao deus-dará/ Mas se existe Jesus no firmamento/ Cá na terra isto tem que se acabar"). O fatalismo do sertanejo não se vê entre citadinos cantados duas décadas depois.

O protesto de "Procissão" contra promessas oficiais descumpridas ("E promete tanta coisa pro sertão/ [...]/ Entra ano, sai ano, e nada vem") ganha nova cor em "Barracos" ("O governador promete/ Mas o sistema diz não"). Na música do ano da redemocratização, parceria com Liminha, moradores dos barracos também não se iludem mais com a fala das autoridades, vistas como gente "estúpida" e "hipócrita", mas tampouco apelam para a fé. Vem do mar a imagem do mal infindo ("Se pode, não fez questão/ Se faz questão, não consegue/ Enfrentar o tubarão") e a redistribuição seria a saída, lamentavelmente evitada ("Mas ninguém quer abrir mão/ Mesmo uma pequena parte/ Já seria a solução"). Neste caso, a solução é terrena.

Nessa *playlist* de Gil, "A novidade" e "Nos barracos da cidade" têm uma questão em comum: como reagir à "sereia" e ao "tubarão", seres marinhos com que nós, humanos, podemos nos deparar como metáforas da desigualdade? Frente à sereia ao menos, ouvem-se duas reações excludentes entre si. Para uns, cabe matar a fome com o "grande rabo de baleia"; para outros, saciar outros desejos do corpo ao fruir a metade "busto de uma deusa maia". Daí a referida guerra "entre o feliz poeta e o esfomeado/ estraçalhando uma sereia bonita/ despedaçando o sonho pra cada lado". Assim se fecha um ciclo involuntário visto pelo autor dos versos: do pobre que se diz cercado de exploração e disposto a atacar os algozes ("Roda") à disputa do esfomeado contra o feliz poeta sem a chance de um empate. No início e no fim desse ciclo de 20 anos, não se cantou só a apologia da autodefesa e o estraçalhar da novidade talvez apta a saciar os dois lados — a desigualdade inspirou, ainda, a letra do sertanejo que a crê superável por atos divinos ("Procissão") e o coro de excluídos urbanos contra quem governa com estupidez e hipocrisia, por incompetência e falta de priorização ("Barracos", com versos tão atuais mesmo décadas depois). Em meados dos anos 1960, a solução na revanche ou na fé; nos anos 1980, no protesto e na luta em arena pública.

Os contrastes carnaval/fome total, sonho/pesadelo medonho e feliz poeta/esfomeado, por não partirem meramente de diferenças ou ações individuais (a julgar até na perspectiva do próprio Gil), remetem a desigualdades que proliferam se há terreno fértil. Não à toa, desigualdades notáveis em pares de categorias binárias já colocadas a serviço da hierarquização (homem/mulher, branco/negro, nacional/estrangeiro etc.) foram nominadas "duráveis" pelo sociólogo Charles Tilly, que atribuiu sua origem e reprodutibilidade a quatro mecanismos: exploração (de recursos exigidos pela elite), reserva de oportunidades (privando não elites de acessá-las), emulação (cópia de modelos de organização) e adaptação (de relações sociais às divisões existentes).[83] Ora, se temos "De um lado este carnaval/ De outro a fome total", não há igualdade de oportunidade e de tratamento. E como evitar outro embate entre foliões e famintos diante da sereia? "A novidade" não propõe respostas — até por não haver armistício —, mas, fora da praia imaginada em 1986, têm sido adotadas políticas públicas contra a exploração e a reserva de oportunidades. Novas ondas deram à praia desde então.

O valor da letra e da música não parou de ser reconhecido por fãs e músicos — tanto que não foram poucas as vozes que a regravaram. A versão original, como descreveu o biógrafo Jamari França, é um "reggae com bateria, baixo e percussão predominantes, uma guitarra discreta na levada do canal esquerdo com efeitos de *dub* mais adiante, uma cama de teclado no refrão contrastando com uma percussão eletrônica com eco viajando do canal esquerdo para o direito".[84] Além dessa versão pop-reggae e a do show-disco acústico de Gil, há gravações de artistas como Biquíni Cavadão, Cidade Negra, Serjão Loroza, o grupo de forró Chama Chuva e o trio francês Cor de Canela[85] (os Paralamas gravaram com os Titãs uma versão com primor no CD ao vivo das bandas, de 2008). Enfim, a variedade de entusiastas sugere quanta gente a sereia podia alimentar.

Melô do marinheiro | Marujo dub

Entrei de gaiato num navio
Entrei, entrei, entrei pelo cano
Entrei de gaiato num navio
Entrei, entrei, entrei por engano

Aceitei, me engajei, fui conhecer a embarcação
A popa e o convés, a proa e o timão
Tudo bem bonito pra chamar a atenção
Foi quando eu recebi um balde d'água e sabão
"Tá vendo essa sujeira bem debaixo dos seus pés?
Pois deixa de moleza e vai lavando esse convés!"

Entrei de gaiato num navio
Entrei, entrei, entrei pelo cano
Entrei de gaiato num navio
Entrei, entrei, entrei por engano

Quando eu dei por mim eu já estava em alto-mar
Sem a menor chance nem maneira de voltar
Pensei que era moleza mas foi pura ilusão
Conhecer o mundo inteiro sem gastar nenhum tostão

Liverpool, Baltimore, Bangkok e Japão
E eu aqui descascando batata no porão
Liverpool, Baltimore, Bangkok e Japão
E eu aqui descascando batata!
(Música: Bi Ribeiro e João Barone; letra: João Barone)

A despretensão e a irreverência começam já pelo título: a gíria "melô", provavelmente derivada de "melodia", intitula músicas simples de um tema só — como, por exemplo, "Melô do tagarela", de Luís Carlos Miele. O cancioneiro popular no Brasil tem ainda outras "melôs", como a lambada "Melô do Piripiri", *hit* na voz da cantora Gretchen. Tal como esse *hit* do início dos anos 1980, essa faixa soa como uma brincadeira leve, a atiçar um lado infantil de todos nós (ok, no caso da musa calipígia, a proposta não era só essa). Esse reggae, que veio a cair no gosto de tantas crianças, abre com Barone falando "ah, ah", como testando o microfone, e puxando papo com o baixista coautor da melodia:

– Sabe de uma coisa, rapá? Eu tava andando pela rua, com a maior fome, chupando dedo em plena Nova York. Que saudade da comidinha lá de casa!
 – Ué, você não disse que essa era a "Melô do marinheiro", rapá?
 – Eu sei... mas é que eu fui pra lá de navio...
 – Então diz aí...

Após a abertura jocosa, vinha o refrão "Entrei de gaiato no navio..." em um coro do trio, depois retomado na estrofe com escalas como a terra dos Beatles e a capital tailandesa. O vocalista dá voz ao marujo inexperiente narrando a saga de recém-engajado sem noção da divisão de papéis a bordo. Vez por outra, ouvem-se efeitos como de sonoplastia de desenho animado, numa opção em sintonia com a comicidade no ar. A expectativa do narrador malandro de conhecer o mundo a custo zero e na moleza acaba frustrada pela rotina que inclui a limpeza do navio e serviços mais braçais na cozinha. Em shows de lançamento do LP, Bi e Barone passaram os instrumentos aos amigos Mauricio Valladares (em SP, Liminha) e Pedro Gil, filho de Gilberto Gil, e cantaram "Melô" na frente do palco com uma dança performática.[86]

A descontração dominante torna deslocado abordar temas colaterais à história do marujo, encarnada de forma caricata no clipe em que o trio vive marinheiros cúmplices da gaiatice frustrada. Relato em primeira pessoa das peripécias, a letra ilustra um atributo que contribuiu para o apelo às "melôs" naquela década: os temas lúdicos e sem criticismo que, em outros casos, encobriam melodias e ritmos do funk norte-americano com letras em português (caso da citada canção de Miele, já tida como primeiro rap gravado no país, em 1980).[87] Na avaliação do sociólogo Breitner Tavares, da Universidade de Brasília (UnB), a ludicidade e a falta de um discurso politizado levaram ao uso publicitário e humorístico do gênero, ligado a uma espécie de hip-hop acrítico, posto em xeque mais adiante: "Nos anos 1990, inicia-se a estruturação de vários grupos de rap que deixaram de lado as letras cômicas, como as dos melôs, e passaram a aderir a narrativas que abordavam problemas sociais, usando um tom ao mesmo tempo de denúncia e reivindicação de mudanças sociais, com letras que abordam questões como o racismo e a violência nas periferias."[88]

É digna de nota que essa letra mais leve venha após as rimas de "Alagados", "Teerã" e "A novidade", atestando que nem só de crítica social e reivindicação se fez esse disco emblemático de seu tempo. Se roqueiros como Paralamas e Titãs transitavam entre um rock mais pautado na irreverência (como a Blitz) e outro com maior crítica social e política (Plebe Rude, por exemplo), a letra atesta a presença daquele primeiro polo no repertório. E provava quão natural podia ser o convívio

— no rap, numa geração do rock ou em segmentos do público — entre o acriticismo e altas doses de criticismo. Tal convívio de diferentes sobressai ainda na citação de "Marinheiro só", canção folclórica eternizada por Clementina de Jesus na adaptação de Caetano Veloso — a arte de citar bem voltaria adiante em *D* (1987) e a bela união de "Alagados" com "De frente pro crime", de Aldir Blanc e João Bosco.

Uma curiosidade sobre a criação da letra pode ser conferida numa imagem republicada neste livro: as duas páginas do manuscrito de Barone feito na temporada em que estivera no "estaleiro" por força da perna quebrada. A versão original abria "Tava passeando pelo cais/ Quando vi escrito num cartaz/ 'Se quiser ver o mundo/ É melhor entrar pra Marinha'/ Foi então que eu entrei num navio/ E entrei pelo cano", e o refrão tinha outro verso no meio ("Entrei de gaiato num navio/ Entrei, entrei, entrei pelo cano/ Pensei que era só de brincadeira/ Mas foi, foi, foi tudo engano"). A citação de "Marinheiro só" e o restante estavam lá, tendo sido cortados um "Não!" após a "batata no porão" e o anglófono verso "me like'ome and me wanna go'ome" ("gosto de casa e quero ir pra casa"), adaptação do verso de uma canção do folclore da Jamaica lançada em 1956 como "Banana Boat (Day-O)". João Barone, letrista da canção, afirma:

> O disco, quando você vai escutando, percebe claramente a intenção de reggae nele. Da coisa mais séria de "Selvagem" passando pela brincadeira... e a gente adorava aquelas brincadeiras que os DJs jamaicanos faziam... o Yellowman fazia música lá da menina com quem casou que não sabia cozinhar e queimou o frango. A música tem uma ingenuidade, um negócio bem *naïf*. O disco passa por todos esses *ranges* de temáticas e texturas

musicais. É realmente um disco em que o reggae tá muito explícito, muito presente mesmo.[89]

Se a versão *dub* de "Teerã" não coube no LP, a "Melô" não ficou sem a sua: "Marujo dub" fechou o lado A do vinil com seus enlaces criativos de baixo e bateria. Aliás, trucagens de estúdio divertiam aqui tal como Bi e Barone tinham feito na canção-mãe, gerando o astral leve de quem está em alto-mar, sem a menor *vontade* de voltar. Mas criar esse efeito não foi nada fácil, como contou Barone no programa *O Som do Vinil* lembrando o trabalho sem automatização da mixagem à época: "Era um processo manual mesmo, de você ter que botar o *mute*, cortar o som e soltar os ecos no tempo certo e tudo."[90] Todo esse trabalho valeu a pena não só pelo ineditismo de *dubs* em solo brasileiro, mas sobretudo porque soa com uma malícia que entretém tal qual a letra da "Melô".

Selvagem

A polícia apresenta suas armas
Escudos transparentes, cassetetes
Capacetes reluzentes
E a determinação de manter tudo
Em seu lugar

O governo apresenta suas armas
Discurso reticente, novidade inconsistente
E a liberdade cai por terra
Aos pés de um filme de Godard

A cidade apresenta suas armas
Meninos nos sinais, mendigos pelos cantos
E o espanto está nos olhos de quem vê
O grande monstro a se criar

Os negros apresentam suas armas
As costas marcadas, as mãos calejadas
E a esperteza que só tem quem tá
Cansado de apanhar
(Música: Herbert Vianna, Bi Ribeiro e João Barone;
letra: Herbert Vianna)

Violência policial, censura, cidades excludentes e racismo. Os alvos variados já dão, por si só, singularidade à faixa-quase-título, mas "Selvagem" (sem "?", ao contrário do nome do disco) sobressai ainda pelo arrojo da artilharia, ou melhor, por disparar contra problemas sociais com um reggae incisivo e sem firulas desde a primeira nota. A introdução, com a guitarra que vibra qual fuzil em guerrilha urbana — e similar à de "Natural's not in it", da banda pós-punk inglesa Gang of Four (1979)[91] —, é icônica e virou marca registrada desse *hit* com letra que não caducou.

Quando o LP foi lançado, a faixa de abertura do lado B se referia a uma polêmica da vez — o veto à exibição de *Je vous salue, Marie*, já abordada no Capítulo 1 —, tanto quanto àqueles outros alvos menos conjunturais. Se as faixas anteriores tinham unido o reggae a sons típicos de rincões do Brasil e do Caribe, ouve-se aqui um reggae mais alinhado ao punk difundido a partir do eixo Londres-NY.

Cada estrofe realça um protagonista — polícia, governo, cidade e negros — com armas na mão para atacar ou proteger.

A menção à determinação da polícia de "manter tudo em seu lugar" soava uma ironia corrosiva, eco da memória recente dos anos de ditadura e não um enaltecimento das forças policiais na missão de manter a ordem ("seu lugar" estava mais para *status quo*). A crítica aos agentes da lei não era tema alheio àquela geração do rock — como em "Veraneio vascaína" e "Proteção", que o Capital Inicial e a Plebe Rude lançaram naquele 1986, anos após escritas —, mas o LP dos Paralamas atestava que o mal-estar com policiais seguia vivo sob a "Nova República".

Naquela década de "Selvagem", pesquisas de campo como a do antropólogo Roberto Kant de Lima sobre o sistema judicial na cidade do Rio de Janeiro extraíram conclusões que fariam coro à faixa. Para ele, que defendeu essa tese em Harvard também em 1986, a polícia cumpria um papel não oficial, pois aplicaria a ética própria dela em vez da lei, tida como ineficaz para "fazer justiça". Policiais eram classificados num nível inferior do sistema judicial, assumindo a tarefa de auxiliar o Judiciário a apurar fatos, mas também de vigilância da população.

"As práticas policiais brasileiras são, portanto, um reflexo da nossa cultura jurídica, que concebe a estrutura social brasileira como sendo hierárquica, atribuindo diferentes graus de cidadania e civilização a diferentes segmentos da população, embora a Constituição brasileira atribua direitos igualitários a todos os cidadãos, indiscriminadamente", disse Kant de Lima, dando ênfase à articulação entre práticas policiais e cultura jurídica.[92] "À polícia cabe a difícil tarefa de selecionar quais indivíduos têm 'direito' aos seus direitos constitucionais e ao processo acusatório, enquanto 'pessoas civilizadas', e quais não têm." Aliás, policiais estão habituados à apresentação de armas, ato típico de eventos militares de manejar e pôr em evidência espadas, fuzis, revólveres etc.

O primeiro governo civil desde 1964 tampouco ficava bem nessa foto em forma de canção. Mais do que uma rima dentro de um verso, "discurso reticente, novidade inconsistente" exprimia um olhar cada vez mais corrente: de que chamar a fase recém-iniciada da República como "nova" seria uma imprecisão, um equívoco (mais ou menos como ter falado em "República Velha" até historiadores consolidarem "Primeira República"). E uma prova dessa inconsistência ali cantada — e que não se deixava esquecer — era o episódio com o filme de Godard, sem caso análogo em outras democracias. Com tantas quadrissílabas rimáveis com inconsistente, "reticente" vinha bem a calhar: nenhuma qualificaria tão bem a tibieza da retórica pretensamente democrática de Sarney. O mesmo presidente autodeclarado defensor da "liberdade que importa na abolição de qualquer censura à inteligência", como disse ao abrir um congresso de escritores em 17 de abril de 1985,[93] seria o que menos de um ano depois impediu a exibição do filme de Godard — uma caneta foi sua arma.

Para o trio, que há anos ensaiava num quarto em Copacabana, a população em situação de rua também estava no radar. Quem ficava nas ruas não lhes era como sujeitos invisíveis da cidade nossa de cada dia, ou como a figura literária dos "ninguéns" da prosa irônica de Eduardo Galeano num texto de *O livro dos abraços*, de 1989. O uruguaio descreve "ninguéns" como pessoas sem cara e com braços, sem nome e com número, até concluir "que não aparecem na história universal, aparecem nas páginas policiais da imprensa local. Os ninguéns, que custam menos do que a bala que os mata".[94] Os meninos pedindo trocados a vidros fechados em "Teerã" pareciam de volta, agora na companhia de "mendigos pelos cantos". Meninos e mendigos seriam armas, e não tipos de vítima. Cidades viriam se armando em prol da exclusão mais por ataque ou autoproteção? — a propósito, quaisquer das duas respostas seriam de lamentar.

A letra fecha com os negros e sua apresentação de armas. Como se protagonizassem um desfile militar, negros são instados a se mostrarem uma tropa armada, munida com marcas do passado e consciente do racismo estrutural, para citar uma expressão difundida anos depois: "As costas marcadas, as mãos calejadas/ E a esperteza que só tem/ Quem tá cansado de apanhar." Esse verbo final ganha força por Herbert soltar a voz como num estampido de munição — como se pode ouvir no fim de estrofes: "lugar" (polícia), "Godard" (governo) e "(monstro a se) criar" (cidade).

A acidez da crítica se espraia pela letra, facilitando a retomada da questão sobre a cidade armada: seria para atacar ou se proteger? A letra na íntegra pode dissipar tal dúvida: esse desabafo é visceral, nada contido, contra mantenedores do *statu quo*. Ataque e defesa não se excluem, pois a cidade hostiliza, por alegada autoproteção, convertendo ruas em moradias, também mostruários da realidade que se cria como um monstro. O status de selvagens é uma certeza; incerto é o futuro.

A dama e o vagabundo

> Eu fico sentado rindo
> Te ouvindo reclamar
> Meu bem há coisas mais importantes lá fora
> Que os nossos quadros por pregar

Mas a gente combina o que for necessário
Cê lava os pratos
Eu lavo o carro
Ou ao contrário
Tanto faz

Meu nome está no distrito
E o seu está nos jornais
E não me basta o que eu já sei
Eu ainda erro demais

A gente combina o que for mais seguro
Cê fica em casa
Eu pulo o muro
Ou ao contrário
Tanto faz

Mas a gente combina o que for necessário
Eu lavo o carro
Cê lava os pratos
Ou ao contrário
Tanto faz
(Música: Herbert Vianna e Bi Ribeiro; letra: Herbert Vianna)

A canção que alguns na EMI-Odeon preferiam como "música de trabalho" acabaria em segundo plano no LP pelos méritos das outras, e não por carecer deles. É até compreensível a preferência inicial de alguns profissionais da gravadora, pois "A dama e o vagabundo" tinha nítido potencial radiofônico à luz do que públicos mais jovens costumavam ouvir em meados dos anos 1980. A recepção popular ao terceiro disco dos

Paralamas poderia ter sido outra — mais tardia, numa hipótese — se tivessem feito tal aposta que em tese teria menos riscos para alavancar vendas.

A canção sobre a vida de um casal sob o mesmo teto tem clara continuidade musical com os discos anteriores, mas se afasta um pouco da recorrente abordagem de relacionamentos, pois o tempo e a intimidade são repartidos num só lar, saindo de vivências mais afins ao universo adolescente. Antes, Herbert cantava desencontros como os de "Romance ideal" ("Não pedi que ela ficasse,/ ela sabe que na volta/ ainda vou estar aqui"), "Fui eu" ("Pegou um táxi, entrou, sumiu/ deixou o resto de mim no chão") e "Mensagem de amor" ("Tambores rufando/ eu já não tenho/ nada pra te dar"). Aqui, o romance é menos idealizado e o amor troca a mensagem no ar pela fala que gera riso involuntário até por se queixar da pendência de pendurar quadros na parede e do lavar da louça ou do carro.

Outro contraste remete ao próprio repertório de *Selvagem?*: a letra não partilha o olhar predominante para realidades do espaço público, privilegiando o mais ordinário da vida íntima, como a divisão e a priorização de tarefas domésticas. Frente ao choque na percepção do cotidiano, flerta-se com um receituário mínimo do bem-viver a dois: não importa quem faz o quê, bastando só combinar antes a divisão ("Eu lavo o carro/ Cê lava os pratos/ Ou ao contrário/ Tanto faz").

O título dessa crônica musical fala da dama atenta a paredes nuas e seu par desatento aos pertences sujos, mas a referência imediata era ao filme homônimo dos estúdios Disney, primeira animação no formato CinemaScope, de 1955. Se a letra tinha certo lema "casal-bom-divide-tudo", nada melhor do que tomar emprestado o título do filme mais lembrado pela cena do casal canino que divide até um mesmo fio de espaguete no prato. A cena, aliás, inicialmente foi rejeitada por Walt Disney, até ser dobrado pelo animador dos personagens, que atestou o valor da divisão de papéis[95] — valor bem ilustrado na faixa, de precisão e protagonismo bem repartido pelos três instrumentos.

O entrosamento entre os músicos era tal desde o início que essa foi a primeira a gravarem, como contaram a Paulo Miklos no programa *Mix ao Vivo: Álbuns Clássicos*. "Foi a primeira que a gente entrou no estúdio [para gravar], que ela já tava mais resolvida", disse Barone, que destacou a guitarra meio Andy Summers (The Police) e a gravação praticamente sem *playback* (áudio sem voz do cantor). Para Bi, a música fazia uma ligação com *O passo do Lui* por ser quase dessa safra anterior. Miklos notou como é importante começar gravações por uma música "na ponta dos cascos e [que] já vai sair bem pra gente já registrar uma", ao que Herbert viu como "uma pincelada de astral positivo".[96] Era como se fosse o primeiro quadro na parede daquele novo apartamento chamado *Selvagem?*.

There's a party [97]

> Phones are ring's all around
> But not here in my house
> I can hear what people say
> I know they're goin' out
>
> There's a party
> In the World at night
> There's a party
> And they feel so fine

There's a party
And there's no one by my side

I don't think they care 'bout me
When they're havin' fun
I sit and eat and watch TV
The night has just begun

There's a party
In the World at night
There's a party
And they feel so fine
There's a party
And there's no one by my side
But I don't mind

A man comes on the silver screen
He seems to know that I have no one else to talk to
To talk to

I don't think they care 'bout me
When they're havin' fun
I sit and eat and watch TV
The night has just begun

There's a party
In the World at night
There's a party
And they feel so fine
There's a party
And there's no one by my side

I've said all right!
(Música e letra: Herbert Vianna)

Primeira gravação de letra original de Herbert em inglês (a outra foi "Hinchley Pond", de *Longo caminho*, de 2002), "There's a party" dava leveza e despretensão ao lado B, como "Melô do marinheiro" fazia no A — e com coadjuvantes de cada lado ("A dama e o vagabundo" neste, e "Marujo dub" naquele). Não que os Paralamas buscassem lados do LP "equilibrados" — até porque um deles abriga mais inovações no repertório e no outro predomina um som mais próximo ao trabalhado até ali.

Estamos de volta à verve adolescente de *O passo do Lui*, mas talvez menos evidente pela escolha de um idioma que tenderia a ser mais rentável no exterior — aliás, pode se especular sobre que projeção o trio teria se tocasse em inglês sua fusão rítmica, aprofundada dali em diante e tão apreciada em português e espanhol. O idioma de The Police, Madness e The Specials — referências iniciais confessas — servia ao desabafo de um jovem que não fora convidado para uma festa e se diz conformado. A investida na língua franca do rock remonta à ideia na EMI-Odeon de que, pelo sucesso no Rock in Rio, o trio poderia tentar uma carreira internacional — outra tentativa à época foi a nunca gravada "Clever boy"[98] (com o tempo, vieram a se projetar fora do país com letras originais nos idiomas ibéricos). "Ela não tem muito a ver com o resto do disco. Se tivesse entrado em *O passo do Lui*, tinha mais a cara", avaliou Bi em 2021,[99] ressaltando que, sendo a mesma banda, continuidades eram naturais.

A noite na companhia só de comida e TV é dita bem-vinda, mas cantar a solidão sinaliza irresignação, ainda mais quando se pensa em quem foi àquela festa ("I don't think they care 'bout me"). A introspecção do sujeito contrastava com a extroversão dos convivas alheios a ele. Tem-se aqui algo em comum com os famosos versos de "Brasil" ("Não me convidaram/ pra essa festa pobre/ que os homens armaram pra me convencer"), letra com versos políticos que Cazuza gravou em *Ideologia* (1988). Esse traço comum de um senso de exclusão ganharia inclusive voltagens distintas: de uma festa, prefere-se manter distância e questionar a idoneidade de quem a frequenta; de outra, a distância dá razão à queixa, embora ela seja menor do que o desabafo do outro *outsider*.

O tema do "fora da festa" é aqui explorado sem maior brilho à luz do que a banda entregou nos discos seguintes. Só não há de lamentar o encaixe de uma faixa dessas entre os sulcos desse vinil, e não de outro. A composição solo de Herbert soa ali como exemplo de novo feitio de reggae paralâmico — e mais do que isso: como uma espécie de transição dentro do gênero no idioma em que se afeiçoaram a ele. Era como se acercar de um sempre bem-vindo gringo em sua língua natal, justo no disco onde abraçavam outros convidados da festa, locais e estrangeiros, a tomar parte de sua festa.

O homem

O homem traz em si a santidade e o pecado
Lutando no seu íntimo
Sem que nenhum dos dois prevaleça

O homem tolo se põe a lutar por um lado
Até perceber

Que golpeia e sente a dor
Ele é o alvo da própria violência

Só então vê
Que às vezes o covarde é o que não mata
Que às vezes é o infiel que não trai
Às vezes benfeitor é quem maltrata
Nenhuma doutrina mais me satisfaz
Nenhuma mais
(Música: Herbert Vianna e Bi Ribeiro; letra: Herbert Vianna)

A letra de reflexão mais existencial é a desse reggae gravado cheio de ecos e outros efeitos. Essa mescla gerou uma faixa pouco lembrada após *Selvagem?*, mas que, como outras, permite um olhar privilegiado do seu tempo. Naqueles anos de "Guerra menos Fria" em recuo no mundo e de retomada do multipartidarismo no Brasil, soava atual sentir-cantar a inadequação de polarizações e a insatisfação com doutrinas. Não que esses contextos global e nacional constassem nos versos; pelo contrário, trata-se de uma reflexão bem intimista sobre o embate entre virtudes e vícios. Mas não se pode perder de vista que texto e contexto dialogam em toda criação artística — e sua recepção, acrescente-se.

Considerações sobre humanos ("homem" tem esse sentido amplo) precedem o foco a uma amostra deles: os tolos. Em resumo, Herbert canta a santidade e o pecado igualmente presentes em cada indivíduo. Tolo seria aquele que sai em defesa do "eu santo" ou do "eu pecador", como se ambos não pudessem dividir o mesmo "eu". Parafraseando o Lulu Santos de "O último romântico" ("tolice é viver a vida assim/ sem aventura"), era como se os Paralamas cantassem ser tolice viver a vida assim: sem antagonismos — aventuras e polos opostos não são excludentes, aliás.

A provocação ganha em originalidade ao pôr a figura do tolo como autor e como vítima de um duelo íntimo entre o santo e o pecador. A violência de um polo para superar o outro teria, porém, um efeito colateral positivo: o tolo, com o qual o eu lírico se identifica no fim da letra, se conscientiza de que nem tudo ocorre como tenderia a ocorrer. Prova disso é que homicídios e adultérios nem sempre partem de covardes e infiéis, como é de esperar. A comprovação crucial seria outra afirmativa difícil de contestar: "Às vezes benfeitor é quem maltrata." Quem faz o bem também pode fazer o mal — e vice-versa. Na física, polos opostos se atraem; na letra dessa faixa, polos opostos não só se atraem, como também se entrelaçam num equilíbrio a ser mantido. Para Herbert, "O homem" o marcaria como letrista, como contou a Leoni, outro talento nos versos:

> Esse disco tem uma música que eu considero um *landmark* na minha coragem de falar sobre determinados assuntos que se chama "O homem". Acho que quando você afirma que uma pessoa é boa ou má, é um desconhecimento brutal da natureza humana, porque todo mundo tem todas essas coisas dentro de si. É uma questão de escolher o que vai mostrar ou o que deixar as pessoas perceberem. E escolher um lado ou outro é ser maniqueísta como a música fala [Herbert lhe recita toda a letra]. O Arnaldo Antunes falar pra mim que gostava dessa letra me deixou muito contente![100]

Ao cantar sobre como evitar tal violência simbólica contra si, Herbert até podia soar como se falasse "o homem é o lobo do homem", mas autores como o filósofo Thomas Hobbes aludiam nessa expressão à violência de uns contra os outros — evitável com a ameaça de um poder superior (Estado) gerar dor aos homens. Já a ênfase da letra está na descrença em uma essência una de cada homem ou mulher ("virtuoso" e "vicioso" seriam rótulos circunstanciais). Como diziam os Paralamas no já transcrito *release* do disco, ouve-se aqui "uma ideia complexa: o homem tem dentro de si todos os impulsos. Escolher a 'santidade' ou o 'pecado' é como amputar um membro. É tentar dissociar as partes entrelaçadas, ambas legítimas". Nessa inquietação tão pessoal, a resposta encontrada é negar toda e qualquer doutrina — o que até seria outra doutrina, mas não vem ao caso.

Você

> [...] Você
> É mais do que sei
> É mais que pensei
> É mais que eu esperava, baby [...]
> (Música e letra: Tim Maia)

A primeira regravação no repertório dos Paralamas foi dessa canção lançada em 1969 por Eduardo Araújo, num disco produzido por Tim Maia, e eternizada dois anos depois na voz do próprio Tim ("Química", de Renato Russo e gravada em *Cinema mudo*, não conta porque a Legião só a registrou em 1987). A inovação do trio foi tocar como reggae a balada em que o autor mostrava domínio do *soul* com sua extensão vocal singular. Na conversão rítmica, saiu a introdução original ("De repente a dor/ De esperar terminou/ E o amor veio enfim/ [...]/

Um encanto surgiu/ Meu amor"). A música voltou a ser *hit* no rádio nas duas versões e virou trilha de *Roda de fogo*, novela em que um empresário corrupto (Tarcísio Meira) vira honesto e casa com uma juíza (Bruna Lombardi).[101]

"Devo muito à rapaziadinha que vem regravando as músicas. Gostei muito do clima reggae que os Paralamas deram a 'Você' e a Marisa [Monte] cantou muito bem 'Chocolate' e 'Não quero dinheiro'; isto deu força para as versões originais tocarem nas rádios", comentaria o compositor,[102] que teve "Você" gravada também por Zezé Di Camargo, Sandra de Sá, Gal Costa e Cláudio Zoli[103] — a música acabou não ganhando a voz pensada pelo autor quando a criou: a de Roberto Carlos.[104]

Buscando soar mais brasileiros do que antes ao unirem sons de cá, africanos e caribenhos, os Paralamas demonstraram nessa faixa (e na saudação de fundo em "Alagados") um traço ligado à africanidade e suas crenças: o culto a gerações anteriores. A versão é um tributo reggae de jovens roqueiros não apenas ao talento de Tim Maia, mas também ao de decanos como ele e Gilberto Gil (mais tarde, a reverência se estenderia a nomes como Jorge Ben e o argentino Charly García). Certa vez, o próprio Gil comentou sobre o culto a ancestrais na sua obra e que também se aplica à atitude dos Paralamas ilustrada aqui: "É a gratidão permanente aos que nos antecederam", definiu no programa *Minha canção*, idealizado e apresentado por Sarah Oliveira na Rádio Eldorado.[105] "É o Antes que na verdade fala para o Depois, né? [...] A gente só está aqui e agora por causa do Antes e só está aqui e agora para o Depois. Isso é bacana... A ancestralidade tem essa força de unir o arco do tempo: passado, presente e futuro."

Em plano mais pé no chão, a disposição de renovar "Você" é atribuída por Bi à ideia que ele tinha de resgatar como reggae uma das canções do "síndico" (inicialmente era "Gostava tanto de você", que gravaram depois em medley com "Você" no *Vamo batê lata ao vivo*).[106] Outra versão também já circulou, permitindo que se escolha uma preferida. Herbert ligou a iniciativa a uma demanda íntima sua narrada em entrevista de 2012: "Era um momento do romance que eu tava vivendo ali, que eu sonhava em conseguir articular e gritar essas palavras numa declaração de amor verdadeira, intensa e tal... e eu eventualmente comecei a tocar essa música do Tim em casa no violão, com uma levadazinha de reggae, e aí falei: 'isso aqui seria maravilhoso'", disse no *Mix ao Vivo: Álbuns Clássicos*.[107] O apresentador e ex-titã Paulo Miklos reagiu perspicaz: "Interessante que você, como compositor que já deu o mote pra tanta gente gritar o que sente pras pessoas amadas, você foi buscar uma do Tim pra expressar com toda a inteireza aquilo tudo." Herbert logo buscou explicar a escolha: "Pelo fato de aquela música ser tão reta, tão direta e alcançar com tanta amplitude o sentimento pleno de um coração encantado, né?" Na mesma entrevista, Barone lembraria que Tim agradeceu a escolha com seu humor *sui generis*: "Aê, Paralamas, maneiro, gostei. Nossa Senhora do Ecad agradece. Pode gravar mais!", em referência ao órgão recolhedor dos direitos autorais.

Se esse disco se serviu de versos de Tim para cantar um sentimento universal, mas sempre vivido de forma a mais pessoal, nos seguintes Herbert depurou ainda mais o estilo e registrou baladas com uma habilidade rara na música brasileira (teria outras gravadas em vozes como as de Daniela Mercury, Fernanda Abreu e Ivete Sangalo). Essa aptidão foi reconhecida não só pelos fãs, mas também pelos pares do músico. Um dos melhores exemplos foi recordado por Barone no documentário oficial da turnê dos 30 anos da banda: "O Herbert foi se aprimorando nessa questão das baladas, das músicas mais românticas. Eu me lembro do Renato [Russo] falando que o Herbert era um cara muito corajoso de falar tudo que ele falava. Foi um dos maiores elogios que o Herbert deve ter recebido."[108] Esse reconhecimento particular tinha partido também de outro hábil autor de baladas: Cazuza confidenciou ao autor de "Quase um segundo", regravada por ele, que era para essa canção ter saído da cabeça dele, Cazuza, mas tinha saído só "por acaso" da cabeça do cantor e compositor dos Paralamas.[109] De apreciador dos compositores de boas baladas, Herbert passaria a integrante titular desse time.

Os Paralamas do Sucesso em frente à Casa Rosada,
Buenos Aires, março de 1986.

5. Outras marés, outro rock

> Eu talvez nunca tivesse entendido que música eu queria fazer se não tivesse os Paralamas. É muito... é nesse nível. [...] Não me interessa se tinha "ah, mas era muito The Police...". Foda-se! Cara, foi o arrombar a porta pra que a gente pudesse descobrir o nosso próprio umbigo. E nosso próprio umbigo veio pelo Caribe, era o reggae, entendeu?
>
> — MARCELO YUKA, DVD *Os Paralamas do Sucesso 30 anos*

Importações bem assimiladas

"E agora, Herbert, vale reggae jamaicano?", provocou Rita Lee, irônica, no seu programa na recém-criada rádio 89 FM. A "rainha do rock brasileiro" reagia em 1986 ao suposto pedido do cantor por um basta a sons importados da Inglaterra ("Chega de importação", teria dito o principal compositor dos Paralamas). Ao saber da fala dela no *Rádioamador*, ele ficou surpreso e esclareceu: "Acho que a informação que chegou à Rita foi deturpada. O que eu disse é que basta do culto incondicional a tudo que vem da Inglaterra", comentou para *O Estado de S. Paulo*. "As pessoas, e especialmente a grande imprensa, abrem para tudo o que se assemelha a Cure, Sting ou ao estilo *dark*, como se isso pudesse ser um modelo para nós. Defendo a pluralidade de ritmos, e não a ditadura do novo."[110]

Mais que uma resposta a também pioneira do pop no Brasil, o esclarecimento do cantor remetia a um diagnóstico decisivo para a criação de *Selvagem?*, mas não só dele, como atesta a fala de admiração de Marcelo Yuka que abre este capítulo. Repita-se a ideia do baterista-letrista d'O Rappa na noite do show da turnê de 30 anos dos Paralamas: "o nosso próprio umbigo veio pelo Caribe, era o reggae, entendeu?". Ecos da guinada do rock introduzida pelo trio em 1986 poderiam ser ouvidos, além d'O Rappa, em vários nomes do pop rock nacional como Chico Science & Nação Zumbi, Jota Quest, Pato Fu, Raimundos e Skank (cada um na sua trilha, obviamente, mas com *beats* em comum).

Yuka e outros artistas influenciados pela banda não teriam dificuldade, tempos depois, em perceber o valor daquele disco para a música brasileira. Mas muito desse valor foi detectado ainda em seu tempo. A recepção foi tão boa que, somada à projeção no Rock in Rio, levou a banda também a shows em cidades no exterior como Buenos Aires, Viña del Mar, Madri, Lisboa e Paris. Voltariam do Festival de Montreux, na Suíça, com as gravações que geraram *D*, primeiro disco ao vivo. A banda navegou mares antes ignorados por bandas de rock e *Selvagem?* foi a embarcação. A bordo, os tripulantes proclamavam ter chegado ao destino ambicionado, como ficou registrado no documentário *V, o vídeo*, de Sandra Kogut e Roberto Berliner, de 1987:[111]

> Eu gosto de tudo misturado, inclusive eu misturo até suco de uma coisa com outra, eu gosto de música, tudo misturado. Quanto mais misturado, pra mim, melhor. Entre *O passo do Lui*

e o *Selvagem?*, acho que a gente radicalizou pro reggae. (Bi Ribeiro)

Tem a coisa de buscar afinidades com o que tem aqui no Brasil. Porque quando a gente começou a tocar, a gente gostava do punk. [...] Do reggae, a gente começou a se interessar mais por coisas mais de raiz, né? De música negra, música negra africana, foi que originou o blues, foi que originou o reggae, foi que originou tudo. (João Barone)

A gente descobriu que no Brasil tinha praticamente tudo que existe na África, na Jamaica... todas essas manifestações têm. Porque a música mais criativa no mundo ela tá para onde foram os escravos negros, sabe? O blues, o jazz, o reggae, a salsa, o samba... (Herbert Vianna)

Entre o paralelo de Bi da pesquisa rítmica com os sucos multissabores e a visão de Herbert de que no Brasil havia sons como os da África e da Jamaica antes de se darem conta dessa herança musical negra, a fala de Barone era sintomática do percurso deles até então: de ouvintes atraídos pelo punk e sua atitude "faça você mesmo" a músicos adeptos do reggae —encampado por muitos punks, aliás — e da música africana que os fez atentar para estilos regionais. No exterior, o diálogo do rock com o reggae remontava a mais de uma década, quando Eric Clapton gravou "I Shot the Sheriff" e projetou o nome de Bob Marley. E os anos 1970 acabariam com incursões de bandas punks inglesas (The Clash, por exemplo) pelo reggae, que tinha muitos imigrantes jamaicanos entre seus intérpretes — da aproximação entre punks e rastafáris vieram festas que os congraçavam.

Ainda no documentário *V, o vídeo*, exibido pelo SBT e depois vendido em lojas, Herbert explicitou a divisão de papéis fora do palco entre ele (letras e discurso), Bi (influências e pesquisa) e Barone (pesquisa e tecnologia). Mais curioso foi ele ter equiparado a banda a Zelig, personagem do mocumentário de Woody Allen capaz de adaptar a aparência e a personalidade ao meio onde circulava. Era como Zelig que ele via os Paralamas nessa fase de busca de identidade própria:

> As pessoas que fazem, que mexem com arte funcionam meio como antenas de coisas que tão no ar e tão aí pra quem pegar. Eu tenho vontade de ir com um gravador e pegar situações inusitadas assim: uma briga de rua, qualquer coisa... Pegar qualquer tipo de som urbano e trazer pra casa, pro estúdio e criar uma trilha sonora praquilo. [...] A gente é assim, a gente é Zelig, a gente vai pegando tudo que passa na nossa frente e colocando na nossa música até a gente conseguir uma forma que satisfaça.

Sua tese da superioridade da música com raiz negra não foi ideia de ocasião, tendo Herbert a reafirmado em meados dos anos 1990 na seção "Páginas Amarelas" da *Veja*. Indagado pelo repórter Marcelo Camacho sobre o porquê do domínio das vendas (65%) da música nacional no Brasil, ao contrário do predomínio da música norte-americana em países europeus, retomou o raciocínio exposto ao tempo da turnê de *Selvagem?*:

> A melhor música do mundo vem de onde houve escravos, de lugares onde há uma raiz negra. A razão da força da música brasileira vem do fato de o país ter tido tantos escravos, como os Estados Unidos e o Caribe também. Ainda está distante o

dia em que a canção popular soviética vai dominar as paradas de sucesso.

Naquela entrevista, citou só nomes dos anos 1990 quando lhe foi pedida uma lista de boas bandas no país: Raimundos, Chico Science & Nação Zumbi, Skank, Cidade Negra, Maskavo Roots, O Rappa, Mundo Livre S/A e Jorge Cabeleira. "O que me deixa feliz é que, de certa forma, essas bandas são a confirmação de um ponto de vista que é a matriz do que os Paralamas fazem, que é a fusão musical", concluiu após indicar tal lista.[112] O trio de *Selvagem?* tinha sido pioneiro do rock nacional numa rota musical não mais abandonada.

A abertura a influências mais periféricas foi vivida na prática, e não só no discurso. Mas ela já se ouvia no mundo anglófono em artistas outrora modelo para roqueiros cá. Stewart Copeland, baterista do The Police e referência inicial de Barone, tinha lançado em 1985 o disco solo e vídeo *The Rhythmatist*, fruto de uma expedição musical à África. A definição de ritmatista (especialista em ritmos) no *release* dava a senha: "Esse estranho homem que junta os ritmos dos dois mundos", dizia trecho citado n'*O Estado de S. Paulo* por Valdir Zwetsch. Haveria o mundo tribal da música negra pura e o outro massificado da música eletrificada; e o jornalista opinava: "Ritmo, mistério, pulsação e síntese. E nosso ritmatista saiu-se simplesmente brilhante ao fazer essa arrojada fusão. *Fusion* pós-tribal, pra quem preferir."[113] Já o aclamado *Graceland*, que Paul Simon lançou em 1986, trazia digitais de músicos sul-africanos. Como bem resumiu o jornalista Carlos Albuquerque em seu livro sobre o ritmo exportado pela Jamaica, os Paralamas "estabeleceram o padrão do reggae moderno à brasileira. Ali estavam todos os caminhos a serem seguidos: os timbres, o padrão de produção (a cargo de Liminha), as letras, os arranjos. Muita gente boa ouviu falar pela primeira vez de *toast* e *dub* graças a *Selvagem?*".[114] A nova batida foi só parte — central — do diferencial do disco.

"Mais espaço para ver o mundo"

Os Paralamas não precisaram ir longe para encontrar ingredientes para sua mistura rítmica. "Alagados" que o diga. Para o líder da banda, essa música destoou do padrão radiofônico — longa, com cinco minutos, sem guitarra parecida à do U2 e com tamborins —, logo, era uma ousadia no rock, notou em entrevista para *O Globo* por ocasião do lançamento do álbum. Indagado se ela era rock, Herbert foi direto: "Não, na verdade a estrutura é a de um samba."[115] Na entrevista dada a Ana Maria Bahiana, Chico Júnior, Joana Angélica, Isa Pessôa e Mauro Dias, ele respondeu ainda se via a faixa como uma "música de protesto": "Sempre tive muito medo de falar sobre o tema que 'Alagados' aborda, medo de parecer panfletário, piegas, clichê. Não sei se a letra agrada, mas foi a melhor maneira que achei de falar sobre isso. Era uma coisa que eu via todo dia passando pela favela da Maré, indo para a universidade." Música de protesto ou não, o fato é que ela estourou já no primeiro dia no ar: 57 exibições no Rio e 67 na Bahia, bastando trinta para ser "super-sucesso".[116]

A fusão era tanto musical quanto temática. Esta refletia sua vida pessoal, segundo o cantor:

> No outro disco [*O passo do Lui*], as minhas relações pessoais eram a coisa mais importante do mundo. Agora os problemas emocionais que tenho são outros, sobrou mais espaço para ver

o mundo. E eu vejo o mundo dessa forma que escrevi, as criancinhas pedindo coisas no sinal... É uma questão de prioridade.

A fala de 1986 do cantor converge com releituras dos parceiros sobre as novas prioridades:

> [*Selvagem?*] veio mostrando realmente que a gente tinha o que falar sobre o que estava acontecendo ao nosso redor. Foi uma hora de amadurecimento porque a gente vinha vindo de uma movida muito ingênua, muito "se as meninas do Leblon não olham mais pra mim", muitas questões individualistas e pessoais, pra uma coisa mais ampla, mais social mesmo de tentar... o contexto mais amplo e geral do país. (João Barone)[117]

> *O passo do Lui* principalmente é muito positivo, muito pra cima, solar, pela possibilidade que em 1984 [ano das Diretas Já] tava se projetando como a solução das nossas vidas. No *Selvagem?*, as próprias músicas são mais reticentes, mais inacabadas, mais experimentais, uma coisa mais de insegurança: "e agora, o que vai acontecer?". (Bi Ribeiro)[118]

> Acho que [a mudança temática] é a consequência do que a gente passou a viver depois d'*O passo do Lui* e do Rock in Rio. Fomos viajando o país todo, vendo mais do que era nosso país. É também um amadurecimento normal, acho. (José Fortes)[119]

Além da afinidade com o contexto, o repertório também refletia os novos interesses como ouvintes. Músicas africanas e caribenhas viviam tocando nas vitrolas: King Sunny Adé, Manu Dibango, Fela Kuti, Dr. Alimantado, Yellowman, UB40, Linton Kwesi Johnson, Sly and Robbie, Aswad, Black Uhuru, Toots &

the Maytals..." "Tudo isso misturado com a Bahia de Gil, Gerônimo, Ilê Aiyê e o nascente Olodum", recordou Barone ao jornalista Paulo Marchetti no blog *Sete doses de cachaça*. "Este álbum realinhou nossa ideia sobre música. A estética musical e visual da pobreza 'low-fi' das ruas de Trenchtown e de Alagados, tão bem enquadradas nos clipes que fizemos na época. Quem poderia acreditar que este seria um dos discos de maior vendagem na nossa carreira?"[120] A surpresa pelas vendas se vincularia à superação do patamar já alto do disco anterior.

Como resultado de os Paralamas terem voltado os olhos e os ouvidos para outros interesses, mais gente se interessou pelo trio de raízes brasilienses formatado entre Seropédica e Copacabana. Foco de uma das edições do programa *Les Enfants du Rock*, do canal francês Antenne 2, a banda foi questionada sobre como se explicaria o apelo de suas músicas entre jovens, e então Herbert fez um paralelo das composições deles com o noticiário do jornal.

> Você vai todo dia reportar alguma coisa que te aconteceu: você veio no ônibus e viu um garoto pobre vendendo bala na esquina... ou não-sei-quê... então o somatório dessas coisas vai dar uma amostragem muito grande e aí vai estar o valor da obra. Não nas crônicas em si. Então a gente não pretende fazer de cada música uma coisa muito rebuscada. A gente faz as músicas do jeito mais instantâneo, do jeito mais fiel à realidade possível. E acho que o somatório geral tem um valor grande.[121]

O músico aproximou tal veia cronista "cotidiana e rápida" das letras com uma tradição em especial do samba: do samba de breque, não do samba de morro. E indicou duas referências dessa linhagem nas obras de Adoniran Barbosa e Moreira da

Silva, "grandes expressões desse samba". A entrevista prossegue com conclusões do cantor e do baterista entremeadas por nova indagação.

> **Herbert:** Acho que isso [esse tipo de samba] é uma coisa de que os grupos de rock são próximos.
> **Repórter francês:** Então tem muito de ligação entre o samba e o rock brasileiro?
> **Barone:** Acho que basicamente o que muda é só o ritmo. Mas a realidade é bem similar. Mas a gente tá falando de uma linguagem para as pessoas da nossa idade, para as pessoas da nossa realidade.[122]

Se o repórter captou o paralelo da banda, o mesmo talvez não se possa afirmar da equipe de edição, que emendou esse trecho em cenas do desfile de 1985 da escola de samba Caprichosos de Pilares, com passistas e baianas ao som de versos políticos de "E por falar em saudade" ("Diretamente, o povo escolhia o presidente/ Se comia mais feijão/ Vovó botava a poupança no colchão/ Hoje está tudo mudado/ Tem muita gente no lugar errado"). Logo depois, retoma-se a execução de "Óculos" num palco acanhado que foi intercalada pela entrevista. O canal não devia ter imagens do autor de "Saudosa maloca", ou do Kid Morengueira e seu improviso, que deu outra cara ao discurso da banda.

"Série de ideias inacabadas"

Semanas após LPs e cassetes de *Selvagem?* chegarem a lojas de departamentos e de discos, as bancas de jornais e revistas passaram a exibir os Paralamas na capa da revista *Bizz*. Naquela 11ª edição da revista, que a editora Abril lançou no mês de junho mirando públicos da Cidade do Rock e outros palcos, Herbert aparecia mordendo as cordas da guitarra, Bi exibia o baixo com minibandeiras rastafári de listras verde, amarela e vermelha (na correia e no corpo) e Barone apontava a mão da guitarra. A chamada dialogava com esta pose: "Paralamas do Sucesso apresentam suas armas." De camisas claras e cabelos penteados, os três fazem companhia a nomes estrangeiros e só outro nacional: Jesus & Mary Chain, Led Zeppelin, Simple Minds e, abaixo, na lista menor, Inocentes.

O público-alvo da *Bizz* tinha outros atrativos da edição indicados na capa: o pôster do The Cure, "Entrevistão duplo: John Taylor (Duran Duran) e Sigue Sigue Sputnik" e a "Promoção 1.000 LPs!". Com destaque intermediário, eram citados ainda Sade ("Deusa ou semideusa?"), Prince ("De filme novo"), The Cult ("A nova pauleira") e Rolling Stones ("À beira do fim"). Isso mesmo: os Stones inspiravam em meados de 1986 a reportagem "Cenas do último capítulo", sobre o distanciamento crescente entre os quarentões Mick Jagger e Keith Richards pela "fome de estrada característica" do guitarrista e a relutância do vocalista de dedicar mais tempo à banda.[123] Esse capítulo se mostrou longe de ser o último. Nos termos do empresário da música André Midani, citados anos depois por Herbert Vianna, "os Rolling Stones são a prova viva de que você pode ser louco, profissional, ter raiva e ser magro aos 50 anos". O cantor lembrou a frase em resposta à apresentadora e atriz Bruna Lombardi, após ela indagá-lo nos anos 1990 sobre os planos de longo prazo dos Paralamas. Ele indicou a ela a longevidade dos Stones como a "melhor coisa pra música pop" por demonstrar que o rock vai muito além de ser o signo da rebeldia e da juventude que representou em suas origens.[124]

Na matéria de capa "Paralamas em busca do batuque esquecido", o jornalista José Emílio Rondeau, produtor do disco de estreia da Legião Urbana um ano e meio antes, definia *Selvagem?* como "uma das maiores reviravoltas de que já se teve notícia na carreira de um grupo brasileiro" e como "o disco mais polêmico e esperado nos últimos anos, o terceiro álbum da única banda que permanece intacta desde a aluvião de rock que a despejou no Brasil junto com as primeiras versões das recém--relayoutadas Blitz, Barão Vermelho e Kid Abelha". Reviravolta, polêmico e esperado? As três qualificações tinham relação com a guinada da nau para um novo eixo — e que poderíamos apelidar de "eixo ABC" (África-Bahia-Caribe) em alusão a diálogos com gêneros afrodescendentes, aos baianos Gilberto Gil e Jorge Amado e a ecos jamaicanos. Voltando à reportagem de Rondeau: ele destacou a nova forma de criar não mais a partir de ideias de letras ou de melodias, mas de "*grooves*, determinadas bases rítmicas, de forma que surjam músicas enormes e mântricas, hipnóticas pela repetição continuada dos temas".[125] Os testes atraíam pelo ineditismo do resultado. Como contou Herbert:

> A gente já vinha explorando esta coisa do *groove* desde os últimos shows da turnê do *Passo do Lui*. Cada noite subíamos no palco com uma tonelada de equipamentos novos — *delays*, *harmonizers*, percussão eletrônica — e ficamos reinventando as músicas todas, fazendo *dubs* enormes e, após um certo tempo, até enxertando trechos do que viriam a ser as músicas deste novo disco. Por exemplo, no meio de "Menino e menina", a gente

enxertava um pedaço de "Alagados". Neste tempo, "Óculos" não durava menos de dezessete minutos ao vivo. [...]

Admito que é um disco difícil de se engolir — só o compacto tem cinco minutos —, mas é apenas uma série de ideias inacabadas que vão servir para o futuro. E esta qualidade de inacabado é saudável. Quando terminamos de gravar *Passo do Lui* — um disco com começo, meio e fim — não sabíamos o que fazer. A gente está neste disco como quem acabou de sair de uma sala apertada, lotada de gente, descobre uma porta e vê que depois existe uma sala enorme e vazia, para explorarmos. E nós só demos o primeiro passo.[126]

A "série de ideias inacabadas", como o vocalista se referiu ao álbum, só foi possível, segundo ele, porque o público lhes dera aval para experimentar. Sentindo-se não mais comprometidos com um estilo ou outro, os músicos preferiram arriscar ainda mais no disco de 1986. "As pessoas já estão preparadas para um susto, numa boa", avaliou Herbert na *Bizz*. Autor também da reportagem sobre o aparente capítulo final dos Stones, Rondeau sustentou que nem todos estariam preparados para o lançamento. E lamentou o *Jornal do Brasil* ter juntado alhos e bugalhos e criado um Frankenstein jornalístico em manchetes como "o vírus negro que assola o rock Brasil" — verdade seja dita, essa menção saiu no *JB* em outra escala e contexto: a expressão entrou no meio de uma nota da coluna Rock Clips, em que Jamari França atribuía a busca de Leo Jaime por uma fusão rítmica à picada desse "vírus negro". Naquela edição, França afirmou que o Rio tinha perdido os palcos do Noites Cariocas e do Parque Lage e estava sem lugar e data para o show de lançamento de *Selvagem?* e de Lobão e da banda Tokyo.[127]

O disco foi lançado no Palácio das Convenções do Anhembi, em São Paulo, em 20 de julho de 1986, ambiente mais formal de cadeiras estilo anfiteatro com fãs sentados sob o baque do repertório novidadeiro, na contramão do que conheciam (e esperavam ouvir), e no Canecão, no Rio de Janeiro, numa temporada que foi de 30 de julho a 3 de agosto de 1986. Ali, a temperatura subiu a ponto de Milton Abirached cravar em *O Globo*: "Paralamas fazem o verão em pleno inverno carioca." Sob esse título, ele dizia que "mais que lotado, o Canecão estava impenetrável: vidros embaçados pelo calor, gente sem camisa, cadeiras disputadas a tapa por quem queria enxergar o show de cima, corredores apinhados de rodopiantes tietes, aperto. Mas o Paralamas compensou com um show impecável".[128] O relato encontra eco na memória do trio de terem sido noites "apoteóticas".

Além da sensação térmica, os shows geraram uma nova percepção ao vocalista-guitarrista: logo após estrear a turnê, Herbert sentiu a necessidade de haver mais um colega no palco. "Estou me sentindo limitado, tô achando que a gente precisa expandir as nossas possibilidades musicais. Acho que vai ser importante pensar num tecladista de repente... pra eu poder ficar mais livre pra poder cantar e solar sem precisar ficar muito sobrecarregado na melodia", avaliou o cantor, na reconstituição de Barone — a ideia logo obteve o consenso.[129] Em entrevista a Ricardo Alexandre, Herbert avaliou a nova ênfase no reggae como decisiva para esse reforço: "Começamos a sentir falta de maior sustentação harmônica, já que estávamos nos envolvendo explicitamente com o reggae, que é mais sincopado e econômico. Podíamos ter o tecladista que quiséssemos, tivemos ofertas de gente importante, mas aí, mais uma vez, vieram os critérios de crueza que nortearam toda a produção."[130]

Partiu de Barone a sugestão do nome de João Fera, que conhecia da época de estudante da UFRRJ e virou o tecladista definitivo dos Paralamas. O autor de *Dias de luta* contou que Fera tinha sido guitarrista de uma banda de baile até seu tecladista (e maior estrela) abandoná-la, pondo em risco o emprego do músico. Frente ao susto, ele desenhou cada tecla na mesa da cozinha, anotando a respectiva nota, e ficou uma semana passando os acordes do violão para seu novo "instrumento". Depois, no time dos Paralamas, se tornou um perito no reggae e permitiu à banda testar outras possibilidades.

Curto-circuito pela imprensa

Selvagem? foi bem acolhido entre críticos, mas roqueiros nem sempre foram receptivos. Duas críticas ilustram as boas-vindas: na *Folha de S.Paulo*, Marcos Augusto Gonçalves atribuiu ao disco "o mérito de ser um passo, um lance, uma jogada contra a repetição do mesmo" (embora fizesse ressalvas como ao som "amestrado" da regravação de "Você");[131] na *Veja*, Luís Antônio Giron notou que ele "mostra que, se misturados com talento, o rock e a MPB dão origem a uma música bela e criativa". Para Giron, a banda tinha feito um caminho inverso ao dos tropicalistas, que saíram da MPB rumo ao rock.[132] Quem ficou contrariado com a rota do trio foram alguns roqueiros. Titãs, Barão Vermelho e Ira! foram artistas citados pelos Paralamas no *Discoteca MTV* como quem teria "jogado pedra" com questionamentos como ao tamborim em "Alagados" (tal uso foi o maior alvo das críticas, segundo o baixista).[133] Nos anos 1990, Herbert respondeu a Bruna Lombardi sobre o porquê de ter atraído críticas de seus pares:

> Olha, eu não sei. Teve uma época, quando a gente lançou "Alagados" e aquele disco, houve uma reclamação daquela ideia de... o Gil cantava... era um disco que lidava mais com ritmos brasileiros... e se falou muito nisso de que o futuro da música era negro, era esse. E isso encanta muito a gente mesmo. E a gente tem uma coisa de não ter preconceito com latinidade, de ser latino. Porque no Brasil, pelo fato de o Brasil engolir tanta coisa americana sem pestanejar, engolir sorrindo... Depois da Revolução Cubana, tudo que era ligado à latinidade passou a ser visto como uma subcultura, uma coisa inferior.[134]

Uma das fagulhas que resultou de um curto-circuito de alcance inesperado foram as declarações do cantor-guitarrista e do baterista dos Paralamas na revista dominical do *Jornal do Brasil* em abril de 1986: "Houve uma saturação do rock, tem muita gente fazendo a mesma coisa no Brasil", disse Herbert. A música negra era a opção a esse quadro, na perspectiva do trio. A matéria de capa, "As noites quentes de abril", versava sobre programações noturnas em tempos de "mais cruzados no bolso" e uma das atrações citadas eram as festas mensais Funk'n'reggae, que os Paralamas ajudaram o DJ Mauricio Valladares a promover na boate Mistura Fina, na Barra da Tijuca.[135] A declaração gerou polêmica e, três meses depois, Barone ainda era instado a se explicar: "O fato de eu ter falado na *Revista de Domingo* que a música dos anos 90 é a música africana não é uma posição fascista como disseram; quem fala que é fascista nem sabe o que é fascismo. Eu disse aquilo porque realmente acho, não é para afundar a cabeça de ninguém." Um alerta coube a Herbert: "O que a gente falou uma vez é que o culto incondicional a tudo que é inglês já está fazendo muita gente perder o senso crítico."[136] Instados a recapitular o episódio para este livro, Bi e Barone expuseram convergências, com o baixista iniciando pela tirada de que "o passado da música também é negro".

> A gente nunca falou que o futuro da música era negro. Nosso futuro era esse, a gente tava apostando nisso. Os críticos comentavam que a gente tava fazendo uma coisa que ia além do rock, ia para o Terceiro Mundo, apostava em coisas que a música negra apostava. Quem se viu fora desse quadro que estava sendo desenhado, se sentiu deslocado: "Será que eu tô atrasado?" ou coisa parecida. Sei que isso incomodou ter nosso disco bem falado como uma novidade que trazia o Brasil pra dentro... e os outros não tinham pensado nisso antes. Foi mais um ciúme: "Por que não fui eu que fiz?" Eu imagino isso. (Bi Ribeiro)[137]

> Havia claramente uma intenção em potencializar o que a gente falou quando o álbum saiu. A gente falou que o futuro da música era a música negra, com essa contundência. O Herbert falava muito sobre esse questionamento de ficar copiando o modelo anglo-saxão [risos]. Então isso incomodou, pegou meio enviesado em muita gente. E na verdade era uma necessidade da gente de se autoafirmar. O Herbert botar isso dessa maneira não significava desmerecer o trabalho de outras bandas. (João Barone)[138]

Não faltou quem vinculasse os Paralamas às teses de Hermano Vianna, irmão de Herbert, que escreveu que a música negra era "a trilha sonora deste fim de século" em artigo que uns leram como uma forma de promover *Selvagem?* (a divulgação explicitada era de "livro sobre as relações entre o rock brasileiro e a indústria fonográfica", veiculado pelo *JB*, e seria lançado pela Zahar em breve).[139] "Era bem uma provocação, especialmente em relação a essa coisa de se idolatrar o rock inglês considerado transgressivo", lembraria o antropólogo.[140]

Os impactos involuntários do curto-circuito fizeram a banda sentir a necessidade de — ou ser impelida a — esclarecer essa polêmica de página de jornalismo cultural. Talvez a ponderação mais lúcida sobre a mistura do rock a outros ritmos pelos Paralamas tenha partido de Herbert em recordação exposta a Ricardo Alexandre para o livro *Dias de luta: O rock e o Brasil dos anos 80*:

> Eu tocava bossa nova na adolescência, era louco por Baden Powell, sonhava em ser uma espécie de Tom Jobim. Nunca houve essa distinção para mim. Fomos a primeira banda a cruzar uma linha claramente demarcada entre rock e MPB. Havia muita gente da MPB ressentida, que falava mal das bandas de rock e a galera do rock vendo nosso passo com desprezo. A gente ignorava — e isso, talvez, tenha sido a tábua de salvação do rock brasileiro. Porque ele não podia existir muito tempo mais só com referências estrangeiras, mesmo porque, no exterior, aquela euforia da *new wave* se diluiu dentro do que a gente vê hoje em dia, uma música completamente sem ideologia, sem intenção estética, pessoas que fazem disco para chegar o mais alto possível na parada.[141]

Nenhuma reação a *Selvagem?* foi mais frívola do que a de Lobão, que tinha lançado *O rock errou* semanas antes e conseguiu ver um "roubo descarado de conceitos", nos seus termos no livro *Guia politicamente incorreto dos anos 80 pelo rock*, no qual fez uma autocrítica tardia: "Tudo indica que eu estava sob efeito de drogas quando tentei mostrar as evidências disso."[142] Após enxergar mais do que coincidências entre "Me liga" e sua "Me chama", nos títulos de Cena de cinema (1982) e Cinema mudo (1983) e entre o cantar de Herbert e o dele, tentou ver provas de "roubo" ao comparar "Alagados" — que ele considerava "cheia de culpa" — com "Revanche" ("A favela é a nova senzala, correntes da velha tribo"), bem como "Selvagem" com "Canos silenciosos" ("Correria na esquina/ Ninguém mais entra, ninguém mais sai"). O atrito, repercutido em jornais que chegaram a apelidar de "polêmica entre o Lobo Mau e os três porquinhos", entrou até na cobertura do lançamento do disco: na estreia no Canecão, O Globo pediu a opinião de fãs célebres. "Adoro os dois e acho que a fofoca na imprensa podia acabar", disse a atriz Regina Casé em apelo claramente não atendido.[143]

"Canción del marinero" e outras

Calhou de um ícone da música argentina, Astor Piazzolla, ter sido entrevistado na *Veja* no mesmo abril em que *Selvagem?* saiu... Numa resposta, lia-se seu apreço por atrair a admiração de uma minoria, pois julgava muito perigosa a tendência de a música do artista popular não mudar, não evoluir. Ele acrescentava rejeitar o rock argentino — e estendia a rejeição ao brasileiro, embora admitisse desconhecê-lo: "Não conheço, mas é difícil que venha a gostar dele. Pelos mesmos motivos pelos quais não gosto do rock argentino. Penso que não há sentido em se imitar um gênero internacional. A arte tem sempre raízes nacionais. Trata-se de trabalhar com elas, de reinventá-las."[144] Afirmando-se sem preconceito com o rock, julgou-o "pouco a ver com a América Latina".

Mal sabia Piazzolla que uma banda brasileira de rock estava lançando um contraexemplo a seu par de ideias (ou ideais?) de que um antídoto à mesmice seria se ater a um público restrito e de que um rock latino-americano seria uma estrita mimetização de um estilo sem base nacional. Felizmente para os integrantes do Paralamas, o desinteresse pelo rock que criavam não se estendia a compatriotas do renovador do tango: argentinos deram ao trio uma atenção que roqueiros de lá nunca viram cá.

A estreia em palcos argentinos se deu durante a pré-produção de *Selvagem?*, então levaram fitas de versões preliminares gravadas no Nas Nuvens para ouvir em Córdoba, onde eles e a Blitz tocaram no festival Chateau Rock, e Buenos Aires, onde fizeram show na boate Le Paradis. Uma fotografia de Mauricio Valladares exibe os três músicos de jeans e camiseta bem descontraídos diante da Casa Rosada — a fotobiografia do trio traz mais registros da sessão, com poses como de quem flutua de felicidade.[145] Com Herbert e Barone ao lado na pose neste livro do disco, Bi se lança ao alto qual um saltador, mas que sugere também um flagrante de *air jockey* à luz do monumento equestre do herói da independência, o general Belgrano, no segundo plano. Via-se ali, impresso em escala de cinza, um retrato de uma de tantas idas e vindas entre a capital argentina e a base da banda, no Rio.

Ao voltarem daquela viagem, aliás, não só a moeda brasileira tinha mudado (para cruzado). Também a perspectiva como viam a carreira se ampliou... e a receptividade crescente a cada show os faria se sentirem em casa. "A Argentina é um capítulo intenso de adoção", avaliou Herbert sobre as fotos da banda no país.[146] Esse "capítulo" incluiu encontros marcantes com artistas como Charly García, Fito Páez e Luca Prodan, vocalista da banda Sumo falecido precocemente que inspirou o nome do primogênito de Herbert.[147] O apelo popular fez dos Paralamas convidados especiais do Festival pela Democracia, três noites de shows gratuitos pelos cinco anos sem ditadura, em dezembro de 1988. Em meio às atrações do rock e diante de 150 mil pessoas, Herbert gritou que "a América Latina está orgulhosa da Argentina" e foi chamado por Páez para dividir com ele o vocal numa versão de "Revolution", dos Beatles.[148]

"Canción del marinero" e "Inundados" foram as primeiras letras espanholas voltadas não só para os vizinhos — ambas são versões do compositor argentino Rolando Hernández e saíram no CD *Paralamas* (1991, EMI). Naquela, "de gaiato" e "sem gastar nenhum tostão" viraram "como un tonto" e "sin pagar la excursión" e Barone abria sua saudação do marujo com "Hey, compadre!". Na outra, o verso "palafitas, trapiches, farrapos" ressurgia "villas miserias, trapos". No *Paralamas em espanhol*, disco incluído na caixa lançada em 2015, ouve-se que as adaptações não eram só de idioma, com "Inundados" ganhando um coro em substituição à segunda voz de Gilberto Gil. O bilinguismo foi tão reconhecido que um fã sondou-os após um show: "Quando os brasileiros vão entender que os Paralamas são a melhor banda argentina que canta em perfeito português?"[149]

As trocas intramercosul proliferaram desde *Selvagem?*, ouvido em parte no show em que abriram para a Sumo no estádio Obras Sanitarias no fim de 1986. O crítico do *Clarín* não poupou elogios à apresentação: "O convite à sensualidade e a densa calma do reggae jamaicano, acentuada pela paixão tribal das percussões africanas, explodem nos Paralamas ao lado de letras vivas e de uma expressiva capacidade para desenvolver-se no aspecto sonoro dos anos 80, e isto foi o que entendeu claramente um público alegre como poucos."[150] Nos anos seguintes, o apreço mútuo por roqueiros argentinos fez com que eles entrassem no estúdio com Charly García ("Quase um segundo", "Saber amar" e, para o disco dele, "Rap de las hormigas") ou gravassem faixas do repertório do argentino ("Hablando a tu corazón" e, dele com a própria banda, Serú Girán, "Viernes 3 AM"), de Páez ("Track track"), Soda Stereo ("De musica ligera" e "Cuando pase el temblor"), Sumo ("Que me pisen") e Los Pericos ("Párate y mira", recriada como "Lourinha Bombril") — Herbert inclusive produziu o segundo disco deste último.

Todo balanço da saga do trio fica incompleto se for omitido que, quando o rock esteve em baixa no Brasil, no início dos anos 1990, a banda cultivou uma agenda cheia e fãs de sobra do outro lado da fronteira. A fama entre o povo da seleção bicampeã em 1986 (e tri em 2022) foi tal, que Herbert viu sua vida chegar aos palcos num monólogo não numa sala teatral carioca ou paulistana, mas em Buenos Aires, em 2018.[151] Prova maior não há de que a dupla cidadania do trio nunca foi mera força de expressão.

Os Paralamas do Sucesso com Evandro Mesquita
e Juba, da Blitz, março de 1985.

6. Um disco como documento

Às vezes você pode dizer "Eu quis dizer/ você não quis escutar/ agora não peça..." com aquela coisa linear. E às vezes você pode fazer um caco, arremessar um monte de imagens diferentes e, com aquilo, você forma uma imagem e você é capaz de descrever sentimentos ou sensações abstratas que levariam uma bíblia pra serem descritas de uma forma linear.

— HERBERT VIANNA, programa *Roda Viva*, 1995

Duas histórias entrelaçadas

A transição democrática significou um ponto de virada tanto na história do Brasil como na do rock feito no país, que refletiu e incitou mudanças sociais e políticas. É inevitável abordar *Selvagem?* sem entrelaçar essas duas histórias. O valor documentário do disco atesta uma capacidade do rock bem destacada pela cientista social Santuza Cambraia Naves: como música popular por excelência, o rock cumpriria a função moderna da arte nos níveis da recepção e da comunicação direta, intensa e imediata. "Na medida em que interage com um público diversificado e que recorre, no processo criativo, a um repertório também diverso, o rock promove, ao mesmo tempo, um trabalho jornalístico com o aqui e agora", notou Santuza Naves em texto reunido em *A canção brasileira*.[152] Atentemos a tal diferencial do rock, ainda mais que a canção, como afirmou o historiador Marcos Napolitano, "tem o termômetro, caleidoscópio e espelho não só das mudanças sociais, mas sobretudo das nossas sensibilidades coletivas mais profundas".[153] Daí o ensejo de incluir o disco numa cápsula do ano de 1986 não apenas pelo legado musical.

O rock fazia sucesso na mídia e no varejo nos anos 1980, mas ele só atraiu abordagens acadêmicas tardiamente — as pesquisas pioneiras partiram de jornalistas para livros-reportagens, como os de Arthur Dapieve (*BRock*), Ricardo Alexandre (*Dias de luta*) e Guilherme Bryan (*Quem tem um sonho não dança*).[154] Aliás, a música popular não constituiu logo um campo de estudos, o que o historiador José Geraldo Vinci de Moraes avaliou só ter sido viável quando autores superaram obstáculos e dificuldades quanto à linguagem, ao código, à subjetividade e ao conceito de popular. Sem discutir tais questões de relevo, concentrei-me em revisitar letras e músicas de um disco hoje clássico sem perder de vista o contexto em que foi criado. Aliás, vim a privilegiar os três focos que Vinci de Moraes considerou importantes no uso da canção popular para a reflexão de historiadores: a linguagem; a visão de mundo própria às canções; e a perspectiva social e histórica que revelam e constroem.[155]

Herdeiro inquieto da música afro-americana, o rock ganhou tons brasileiros em meados dos anos 1950, quando o êxito no exterior incentivou compositores e até plágios de estrangeiros. Exibido de 1965 a 1968, o programa de TV *Jovem Guarda* ajudou a irradiar o rock em vozes como a de Roberto Carlos, Erasmo Carlos e Wanderléa e deu seu nome a um novo fenômeno. A Jovem Guarda foi tachada de alienada por preterir temas como o autoritarismo naquele início de ditadura. A crítica procedia, diria Erasmo Carlos, que atribuiu tal posicionamento aos baixos níveis de escolaridade e renda dele e de seus pares — contrastou com o perfil da MPB, que diria ser cantada por universitários filhos de famílias mais ricas.[156] A falta de afirmação política convivia com um quê rebelde no comportamento, da liberação sexual e novos hábitos de consumo. O sucesso da Jovem Guarda emergiu numa época de maior urbanização e industrialização, com filhos da classe média baixa — muitos saídos do meio rural — querendo emular jovens urbanos de famílias tradicionais.

O rock manteve certa timidez aqui mesmo após esse fenômeno, e coube ao Tropicalismo integrá-lo às linhagens da música brasileira. Tropicalistas como Caetano Veloso e Gilberto Gil inovaram ao pôr a cultura local em diálogo com a universal, rompendo duas oposições em voga: "nacional" e "autêntico" *versus* "alienígena" e "descaracterizador"; e a linguagem acessível da música popular *versus* a metalinguagem erudita da crítica, como viu Santuza Naves em *Da Bossa Nova à Tropicália*.[157] No III Festival da Música Popular Brasileira da TV Record, em 1967, o júri e boa parte do público ignoraram a polêmica sobre o uso da guitarra e acolheram inovações de Caetano Veloso ("Alegria, alegria") e Gilberto Gil ("Domingo no parque", com os igualmente precursores Os Mutantes). Discípulos da Bossa Nova, sentiam-se sufocados pelo elitismo e por preconceitos de cunho nacionalista vistos na MPB.

A Tropicália já teve realçadas as provocações ao *statu quo*, como fez Carlos Calado em *Tropicália: A história de uma revolução musical*,[158] e foi atacada por renunciar a uma resistência político-ideológica em *Pequena história da música popular*, de José Ramos Tinhorão.[159] Por sinal, a repercussão alcançada por Caetano Veloso, Chico Buarque e outros artistas chegou a ser atribuída por outro autor, Marcelo Ridenti, às persistentes dificuldades de identidade e de representação de classe, sobretudo das subalternas. O sociólogo da Unicamp indicou que a sociedade carecia de direitos para todos e as classes teriam "dificuldades para fazer-se ouvir, ou mesmo para articular a própria voz, [e] despontam setores *ventríloquos* nas classes médias, dentre os quais alguns intelectuais, inclusive os artistas, que têm canais diretos para se expressar, na televisão, no rádio, no cinema, no teatro, nos livros, nas artes plásticas, nos jornais etc. Somente a partir dos anos 80, no processo da democratização, com a criação do PT, da CUT, do MST, dos movimentos populares, essa situação começaria a mudar." [160]

A ascensão da MPB e o peso da repressão contribuíram para a marginalidade relativa do rock depois do Tropicalismo, o que levou Rita Lee a cantar que "roqueiro brasileiro sempre teve cara de bandido", em "Orra meu", de 1980. Nos anos 1970, o rock foi fundido ao baião e outros ritmos por músicos como Raul Seixas, que adotara o gênero pelo efeito catártico. Segundo Raul, "era o ritmo tribal que me amarrava mesmo, gostoso, empolgava, eu sentia aquela coisa assim obscena, aquela coisa de tribo em volta da fogueira [...] era o contrário de tudo o que se passava no mundo ali da família".[161] Foi nesse ritmo que fez um hino à desesperança no país: "Aluga-se", com Cláudio Roberto ("A solução é alugar o Brasil!/ Nós não vamos pagar nada"). Outro artista dessa geração a usar o rock para gravar crítica política foi Zé Rodrix, em "Rock do Planalto", com Miguel Paiva ("A gente chega lá/ Mesmo se a Amazônia estiver toda ocupada").

O potencial do rock de alcançar as massas se perdeu no Brasil do fim dos anos 1970, em que pese à diversidade: rock mais pesado, o progressivo, o rural e até um pré-punk. O rock ganhou mais apelo popular no início da década seguinte em vozes de artistas jovens dispostos a cantar temas como amor, diversão e família com irreverência e clareza. Barão Vermelho, Blitz e Os Paralamas do Sucesso ilustraram a renovação musical, que atendeu ao anseio de tantas gerações por maior liberdade de expressão. O cenário nacional, com a revogação do AI-5 em 1979 e a volta de anistiados, dava indícios de se abrir a um tempo de mudanças. A redemocratização logo entrou na pauta dos roqueiros, mesmo quando de forma mais involuntária.

Em paralelo, o rock viveu um racha: uns mais fiéis à atitude original do "faça você mesmo" e outros, como o trio de *Selvagem?*, se aproximando da MPB e combinando-a com sons de raízes estrangeiras — quem julgar que tropicalistas tinham feito algo assim duas décadas antes não estará enganado. Reações pró ou contra essa aproximação podiam ser muito transitórias, como notou o sociólogo Júlio Naves Ribeiro, para quem o fato de um elogio virar acusação realçaria a impureza, concretude e abrangência da MPB na cultura do país.[162] O rock não se privaria desses predicativos.

Uma safra politizada

Sabe a safra de 1986 do rock brasileiro? Não é difícil verificar uma politização em tantas letras no primeiro ano vivido na atual quadra democrática. Vejamos só uma amostra da discografia da época, lembrando de outros cinco álbuns citados no vídeo da Trip TV referido no capítulo inicial: *Vivendo e não aprendendo* (Ira!), *O concreto já rachou* (Plebe Rude), *Longe demais das ca-*

pitais (Engenheiros do Hawaii), *Dois* (Legião Urbana) e *Cabeça dinossauro* (Titãs); deixo *Rádio Pirata ao vivo* (RPM) de fora por não ser disco de estúdio — o recorte alheio convém até para não ficarmos tentados a ampliar demais a amostra (com discos dos Inocentes ou de Leo Jaime, por exemplo), o que poderia desfocar a mira.

Comecemos pelos três álbuns de estreia da lista — e de origens distintas: São Paulo, Brasília e Porto Alegre. Nas faixas finais de *Vivendo e não aprendendo* lançadas antes em compacto, Edgar Scandurra fazia críticas ao país e seus cidadãos em "Gritos na multidão" ("Estou desempregado, estou desgovernado/ A fome me faz mal, estou passando mal/ Mas vou entrar na luta, eu vou sair na rua/ [...]/ E aqui estou então, não estou sozinho, não/ É mais de um milhão, ninguém mais pensa, irmão") e "Pobre paulista" ("Não quero ver mais essa gente feia/ Não quero ver mais os ignorantes/ Eu quero ver gente da minha terra/ Eu quero ver gente do meu sangue/ Pobre São Paulo/ Pobre paulista"). A referência à feiura e à ignorância na população local soou para uns como discriminatória aos migrantes, mas o autor alegou ter criticado pessoas ligadas ao poder e à repressão, de maneira a evitar a censura.[163] O par de faixas antigas entrou por pressão da WEA sobre o Ira!, que tinha 16 músicas novas para decidir as que entrariam no vinil.[164]

A concentração de renda e o autoritarismo dos agentes da lei foram alvo da Plebe Rude em "Até quando esperar" ("Com tanta riqueza por aí, onde é que está/ Cadê sua fração") e "Proteção" ("Tropas de choque, PMs armados/ Mantêm o povo no seu lugar"), *hits* do mini-LP *O concreto já rachou*. Os brasilienses há muito cantavam o desencanto com o país e tinham fixado em versos a descrença na representação popular em "Voto em branco", de 1982 (com o refrão "Seja alguém, vote em ninguém"). A execução dessa música num show em Patos de Minas naquele ano de eleição municipal tinha sido o estopim da prisão da banda por alegado "conteúdo impróprio".

As circunstâncias da escrita de "Proteção" tampouco foram banais. O vocalista Philippe Seabra disse ter feito a letra em cinco minutos no dia da rejeição da emenda constitucional das Diretas Já pela larga abstenção. Naquele 25 de abril de 1984, policiais com submetralhadoras pararam e vasculharam o ônibus de excursão com a turma de Seabra por suspeitarem ser piquete pró-emenda. Havia bloqueios em acessos à capital e os veículos e listas de passageiros de ônibus eram inspecionados. As cenas da blitz e a censura às informações da votação dos deputados no telejornal inspiraram os versos,[165] gravados no disco em que Herbert fez sua estreia como produtor.

Em meio a baladas pop de *Longe demais das capitais*, os Engenheiros do Hawaii gravaram duas faixas compostas por Humberto Gessinger com toques de anarquismo e niilismo: "Toda forma de poder" ("Eu presto atenção no que eles dizem/ Mas eles não dizem nada"), sucesso impulsionado também por ser trilha da novela *Hipertensão*, e "Fé nenhuma" ("Talvez você se esqueça:/ Você também não tem futuro"). Na leitura do historiador Paulo Gustavo da Encarnação, "Fé nenhuma" mostrou que "os 'filhos da ditadura' não tinham e nem viviam de 'ilusões' políticas, bem como o discurso sobre engajamento, via movimento estudantil, não atraía boa parte da juventude universitária, como boa parte dos roqueiros oitentistas que frequentaram curso superior".[166] As pinceladas políticas do disco irmanavam com a autoafirmação e outras questões íntimas e com referências literárias (John Donne e Umberto Eco).

O segundo álbum da Legião Urbana, *Dois*, também uniu letras doces, como "Eduardo e Mônica", a outras amargas e políticas, como "'Índios'" ("Nos deram espelhos e vimos um mundo doente —/ Tentei chorar e não consegui") e "Fábrica" ("Deve haver algum lugar/ onde o mais forte/ não consegue escravizar/ quem não tem chance"). Essas expõem um desencanto com o mundo e a crítica à exploração humana. "A partir do momento em que fizemos músicas como 'Índios' e 'Tempo perdido', percebemos que poderíamos muito bem abordar a política sem ter que ser panfletários", diria Renato Russo.[167] Desde sua primeira banda, o Aborto Elétrico (1978-82), ele usava um discurso punk que, no seu olhar, pregava um mundo melhor tanto quanto canções de protesto dos anos 1960, mas com um tom agressivo.

Nas letras de matiz punk, Renato via aparente desprezo ao país, mas que, nas entrelinhas, era enaltecido, apesar das frustrações. "[Era] uma coisa totalmente niilista, destrutiva e anarquista, mas que, no fundo, estava falando que queria paz e harmonia no mundo", disse ao jornal baiano *A Tarde*.[168] "Aconteceu que, na nossa cabeça, as pessoas dos anos 1960 tinham falado disso da maneira mais clara possível, através de flores e de amor. Não deu certo; então, vamos falar de outra maneira, mais dura." Daí letras como "Que país é este", criada em 1978 e gravada só nove anos depois, na expectativa de que o passar do tempo fosse desatualizar aqueles versos.

O baterista Marcelo Bonfá já externou um olhar interessante a *Dois* que se aplicaria não só a ele: "Tudo que vivíamos era traduzido em música, nas harmonias, nas melodias, por mais que a gente tente explicar, tudo é energia, existem ondas, frequências, e estamos falando de música também, que era o nosso foco, então canalizávamos tudo ali, enchíamos aquilo de informação e energia", avaliou no programa *O Som do Vinil* dedicado ao álbum.[169] No especial da TV Globo que uniu os Paralamas e a Legião em 1988, o jornalista e político Fernando Gabeira destacou pontos complementares nessas bandas. Enquanto viu na Legião "expansão", "indignação", "vontade de dizer que desse jeito não está certo e não pode continuar" e "profunda identificação com as pessoas mais jovens do Brasil", ele realçou nos Paralamas a pesquisa sonora e grande musicalidade devido ao uso de sua antena e suas raízes — a sensibilidade ao que ocorria fora e dentro do Brasil: "Meu grande sonho é ver um dia essa coisa um pouco mais combinada nos dois: a musicalidade e a pesquisa técnica dos Paralamas e a indignação da Legião. Eu acho que seria uma coisa sensacional."[170]

O desencanto punk dos Titãs perpassou *Cabeça dinossauro*, que teve proibidas a exibição pública e a radiodifusão de "Bichos escrotos" ("Oncinha pintada/ Zebrinha listrada/ Coelhinho peludo/ Vão se foder!/ Porque aqui na face da Terra/ Só bicho escroto é que vai ter!", de Sérgio Britto, Arnaldo Antunes e Nando Reis). A prisão de Antunes e Tony Bellotto por porte de 158mg de heroína inspirou "Polícia", de Bellotto ("Dizem que ela existe pra ajudar/ Dizem que ela existe pra proteger/ Eu sei que ela pode te parar/ Eu sei que ela pode te prender"), e "Estado violência", de Charles Gavin ("Estado violência/ Estado hipocrisia/ A lei que não é minha/ A lei que eu não queria") — o autor tinha esboçado o mal-estar anos antes com o título preliminar de "Homem palestino".[171]

A conjuntura foi um fator para essa rebeldia dos Titãs. "Havia o momento do Brasil que estava se desenhando muito problemático, uma ditadura militar ainda se desmanchando, a morte de Tancredo", avaliou Gavin por ocasião dos 30 anos do disco, no jornal *O Globo*.[172] "O clima era de desilusão, um cenário de distopia. E havia também nosso momento como banda" — leia-se aqui a má promoção do disco anterior (*Televisão*, 1985) pela Warner, à qual Gavin atribuiu seu ceticismo pessoal com a música e a carreira e a raiva do mercado, da gravadora e do mundo. O baterista, que nos anos 2000 virou referência na pesquisa da história da música no Brasil com o programa *O Som do Vinil*, no Canal Brasil, certa vez opinou que "o grande lance dos Paralamas sempre foi isso: buscar um caminho para o rock, o pop brasileiro",[173] mostrando que o foco mais voltado para os sons do Brasil era bem reconhecido neles.

A amostra de 1986 até rebatia quem ouviu essa geração do rock nativo como desengajada. Ao fazer um balanço da música popular desde a Bossa Nova até o rock dos anos 1980, o professor de Teoria Literária e de Literatura Comparada da USP Joaquim Alves de Aguiar notou que o rock oitentista explodiu aqui quando já tinha perdido a força no seu berço e sobreviveu "relegado unicamente ao consumo imediato", sem ter um projeto, como nas manifestações dos "anos dourados" como a Bossa Nova, a música de protesto e o Tropicalismo: "De lá para cá, a tônica é o esvaziamento e os músicos à mercê de uma única ideia, posta pela indústria cultural: o consumo."[174] Interessante no rock, para Aguiar, foi captar e impor o ritmo veloz para forçar hábitos e negar a sonolência de um *establishment* que era incapaz de transformar, pois nunca propôs uma ruptura que a sociedade de consumo não absorvesse logo. Essa crítica, que soa pautada numa visão de indústria cultural fiel às raízes do conceito, se difundia ainda na primeira metade dos anos 1980 em opiniões como a do jornalista José Nêumanne Pinto de que "o mais fervoroso adepto do rock sabe que o rock tupiniquim não veio para ficar. É apenas uma jogada mercadológica. Como foi a Jovem Guarda".[175] No olhar de 1983 do jornalista, ninguém iria sobrar daquela *new wave*, ao contrário da Jovem

Guarda, que teria tido dois expoentes: Roberto Carlos e Erasmo Carlos. O tempo desmentiu Pinto, que via Ritchie como um "engano", o Barão Vermelho como um "produto dessa safra de equívocos" e os Paralamas como um dos "grupos comprometidos com a onda do momento". Não foi bem assim.

Produto da safra 1986 de letras politizadas do rock brasileiro, o álbum dos Paralamas virou obra de referência. "Mesmo que os Paralamas nunca tivessem falado diretamente da história do país e nenhuma das outras bandas dos anos 80, acabariam falando... mais ou menos como as *big bands* falam da Grande Depressão sem falar na Grande Depressão nos Estados Unidos", afirmou Arthur Dapieve no documentário do DVD dos 30 anos da banda.[176] Se os ares da redemocratização tinham sido filtrados de forma musical no rock do Ira!, da Plebe Rude, dos Engenheiros, da Legião Urbana e dos Titãs, não foi diferente com os Paralamas, que também os captou, mas com outra paleta rítmica.

Lembranças, lembretes e memórias

O valor documentário de repertórios de sambistas, bossa-novistas e tropicalistas tem sido mais realçado que o do rock dos anos 1980 — exemplo dessa fração, mais recente do que os livros-reportagens já citados, é *Meninos em fúria* (2016), no qual Marcelo Rubens Paiva e o "inocente" Clemente Nascimento lembraram o contexto que fez o punk se propagar na Grande São Paulo do início daquela década.[177] Ora, são bem-vindos quaisquer escritos ou vídeos sobre os laços das criações musicais e seu tempo — mas é de lamentar a maior desatenção à interface do rock oitentista com sua conjuntura (tal proporção talvez reflita, ao menos em parte, o menor tempo decorrido desde sua emergência).

Na música popular feita no Brasil, o rock tem deixado lembranças, lembretes e memórias. "Perplexo" e seu par de versos "fim da censura, do dinheiro, muda nome, corta zero/ entra na fila de outra fila pra pagar" são o melhor exemplo musical de lembrança dos planos anti-inflação na segunda metade dos anos 1980. O panfletarismo de "Luís Inácio (300 picaretas)", do EP de estúdio para o disco duplo *Vamo batê lata* (1995), registrou como lembrete a fala de um político que após chegar a presidente foi associado à corrupção outrora cantada com nomes do Congresso Nacional. Quanto a exemplos de memória, são tantos que se sintam os leitores convidados a pensarem o seu. Da minha parte, destaco como Herbert ligou memória individual e coletiva ao responder a Leoni, no livro *Letra, música e outras conversas*, se tinha uma música de preferência, algum clássico:

> Nunca vou poder ser tão grato a uma música quanto eu sou a "Alagados", porque trouxe pra dentro dos Paralamas de uma forma muito clara a fusão com elementos brasileiros, com a percussão, até com uma participação do Gil. Foi um disco que causou um certo tipo de discussão muito legal. Seria esse o caminho do rock? O futuro da música seria negro? Quando saiu o disco, durante um bom tempo, praticamente todas as entrevistas que eu lia tinham referências ao que a gente estava fazendo — porque a crítica em geral foi unânime em relação ao disco, concordando com nossa tese do futuro ser negro. E acho que as pessoas que não estavam nessa direção se sentiram um pouco atacadas. Até de amigos da gente — os Titãs, o Barão Vermelho e outros — mandaram tijolada. Mas "Alagados" transcendeu e

foi a primeira canção de real sucesso fora do Brasil. Foi a música que fez a gente ganhar um disco de platina duplo na Argentina, disco de ouro no Chile. Então, emocionalmente, é a música à qual me sinto mais grato.

Além da faixa de *Selvagem?*, Herbert citaria "Meu erro", "Quase um segundo" e "Uns dias".[178] Seus companheiros de banda também revisitaram os diálogos de sua geração e seu tempo. Mais de três décadas e meia depois do disco, Bi recapitularia quanto a incerteza sobre o país era compartilhada por sua geração de músicos que adotaram o rock para se expressar.

> Todo mundo estava no seu quarto tocando, fazendo suas músicas: a gente, o Barão [Vermelho], o pessoal de Brasília, o pessoal de São Paulo... Mas ninguém sabia o que viria. Estava tudo ali prestes a explodir, com a coisa se acumulando. Eram anos de pensamentos, ideias, composições e tudo. Até que veio aquele momento em que saiu tudo de uma vez, que foi em 1982-83 e dali em diante.[179]

Também Barone refletiu sobre o contexto social como ponto de partida de várias bandas da época e realçou a originalidade e fusão adotada em *Selvagem?*:

> [Bandas como Paralamas, Legião Urbana e Titãs] estavam ali pintando um quadro bastante realista do que estava acontecendo. Acho que cada um fez, da maneira que pôde, um retrato da sua época, do seu tempo, pelas suas próprias lentes. A gente fez o nosso. Foi o que aconteceu. Cada um deu sua contribuição mesmo nesse momento importante. Dali a pouco o rock ia dar

uma espécie de implodida de alguma maneira... e acho que a gente foi, a partir do *Selvagem?*, explorando o que a gente podia dentro das nossas possibilidades musicais.[180]

Falar em memória é também falar em esquecimento. Por isso, uma contribuição das artes passa pela materialização não só de imagens (musicais, literárias etc.), mas também de memórias, pessoais ou coletivas. Contribui, assim, para evitar esquecer momentos e seus personagens, atos e omissões (prova disso foi um deputado ter tentado censurar "Luís Inácio" dez anos após o fim da ditadura). Assim como o silêncio tem papel crucial na música, assume protagonismo nem sempre notado na história. Daí o valor de a música não ter se calado sobre certas questões durante e após a ditadura.

Trabalhos artísticos como *Selvagem?* são fontes históricas, são documentos ao alcance de todos. E os Paralamas indicaram no *release* do disco que esse é um "disco sem truques" — em avaliação a não ser lida tão literalmente. Truques sempre há, mesmo não admitidos. Mais feliz foi a afirmação seguinte ali: "Não estamos em busca de raízes ou conciliações." De fato, nem todo encontro parte de uma busca. O terceiro disco de estúdio da banda é ótimo exemplo: afinal, é um disco mais de descobertas do que de encontros visados. Por essa razão (e não só por ela), seu valor se encontra não no que ele propôs, mas no que revelou, dos criadores e de seu contexto.

Frame de entrevista com Os Paralamas do Sucesso, no filme *V, o Vídeo* Rio de Janeiro, 1987.

7. Baques e batuques: Uma conclusão

Desembalar um CD era uma preliminar da relação de prazer que ele propiciava. Retirar a caixa de acrílico (ou papelão) do plástico nem sempre era fácil e, depois, vinha o *frisson* de abri-la e ver pela primeira vez o livreto encartado. Era um deleite virar as páginas e se deparar com um design sob medida para esse cardápio que permitia leituras as mais sortidas das letras das canções, fichas técnicas e afins. Só então o disquinho metalizado ia ao tocador, que minha geração achava o máximo da modernidade por dispensar o cuidado com o encaixe preciso da agulha, como era nas vitrolas e nos vinis dos nossos pais. É, havia fetiches em jogo. Agora, com a era digital reduzindo o analógico a frestas, jogadores e jogadas são outras, mas certas sensações a gente nunca esquece.

Vamo batê lata era uma batucada dupla: um CD ao vivo arrasador e um bônus de estúdio que ia da radiante "Uma brasileira" ao poente de "Esta tarde". Mais que um álbum, era um convite, um chamado para todos batermos latas, palmas, cabeça... e acabou sendo meu segundo disco dos Paralamas (após *Arquivo*, com *hits* do trio até 1990). Para quem não tivera idade de acompanhar a banda na rota inicial, como eu, *Arquivo* e *Vamo* eram meio que novas chances de pegar carona e ser introduzido na trajetória da banda. E muitos embarcamos em busca do tempo perdido, ou melhor, na busca de músicas a reconquistar, que eram boas dezenas. Ao somar um CD ao anterior, o repertório deles à minha mão subiu de 16 para 34 faixas graças ao superdisco lançado em 1995, quando eu já tinha noção de que versões de estúdio e ao vivo não podiam contar como uma (não computei a fita cassete onde um amigo de escola juntou a seleção personalizada dele porque o som melhor do CD a fez ir para um fundo de gaveta).

Havia um refrão que eu adorava cantar mais que tudo: "Vamo de tamanco pro Cubango/ no aperto do abraço do suvaco no pão/ quatro sete sete cinco meia no batuque samba funk da alegria arrastão." Não sei se curti mais aqueles versos da música-título do *Vamo* pelo desafio trava-linguístico ou pelo *nonsense* do enfileirar de palavras que nunca estive nem aí para entender. "Que importa o significado diante de significantes como esses?", poderia indagar o linguista desavisado.

Mesmo sem me imaginar dando shows num palco, algo nos solos de guitarra e de trompete de "Lanterna dos Afogados" (ou na abertura de teclado) me fazia querer viver aquilo do lado de lá — não que o de cá não fosse ótimo. A percussão no disco contribuía mais para o rock ganhar apelo em mim (admito que abstraía da linha do baixo). Levei mais meia década até me arriscar no violão e outros muitos anos a tentar a guitarra, mas, à época, bastava cantar com o CD — ou, quando minha autocrítica saía de folga, com meu "trompete bucal", como um amigo apelidou a imitação ridícula desse sopro que faço assobiando com os lábios de um jeito que tentei em vão passar adiante.

Eu era só mais um garoto que amava os Beatles e os Paralamas, e não ouvia Rolling Stones nem Sepultura. Aliás, em meados dos anos 1990, pelo menos num colégio das elites cariocas, as turmas pareciam ter uma parte mais chegada a pop-rock e outra mais fã de *heavy metal*. Participei do time maior e com menos espírito de grupo — e era até dos mais recém-chegados ao clube (minha trilha pessoal teve picos em Elba Ramalho, Moraes Moreira, Dominó e daí a Tchaikovsky, Chopin e outros nomes clássicos mais pop; nesse caso, seguindo o exemplo paterno). Ouvir e cantar (e dançar) Paralamas, Legião, Titãs, Barão e outros roqueiros me garantiram diversão e um senso de menos desenturmado — o que é bom para todas as idades, mas sobretudo na adolescência. Se havia um disco brasileiro apto a nos dar bom entretenimento e entrosamento, o nome é *Vamo batê lata*.

Por que conto essa memória de um disco de 1995 se este livro é sobre outro, de nove anos antes, lançado em LP e fita cassete? Ocorre que o *Vamo* não me foi só um batuque: foi um baque. Havia algo inédito ali e ia bem além da minha reação à música; era na música em si. A incitação de Herbert para o público "bater palma até de madrugada" me soava um irrecusável apelo para seu usufruir sem fim. E assim fiz: deixei a música tocar, tocar e tocar até adquirir uma memória íntima de cada faixa, verso, resposta dos fãs, virada de bateria... Boa música tem dessas coisas.

Com o tempo, saí daquele disco para outros repertórios, mas o disco não saiu de mim (ok, essa ideia é meio clichê, mas não faz mal). Voltando a ele duas décadas e meia após o lançamento, percebo que, se o *Vamo ao vivo* fosse o que se nomeia mão de baralho, *Selvagem?* seria um dos naipes, ali só com carta alta: "A novidade" já na abertura e com "Alagados" e "Você" no miolo (esta em medley com "Gostava tanto de você", também do síndico). Outro naipe com trinca de ases seria *Severino*, disco do ano anterior, subestimado por muitos e redescoberto por tantos após a cartada de *Vamo*. Quanto ao disco em que "A novidade" estreou, só ouvi para valer quando me presenteei com *Pólvora*, a caixa com os oito primeiros discos remasterizados em CD.

Herbert, Bi e Barone já ouviram a pergunta "O que *Selvagem?* foi pra vocês?" mais vezes do que fizeram sobre outros discos. Costumam responder com alguns atributos (e variantes afins): guinada, fuga à mesmice, independência, busca de raízes e negritude. Essas ideias-chave são todas autoelogiosas sem deixar de ser precisas — alguém poderia até objetar que criadores não teriam o melhor olhar sobre suas obras, como se viesse ao caso uma escala imaginária entre um pior e um melhor. Quero só propor um singelo acréscimo àquela lista de significações: no Brasil de 1986, *Selvagem?* foi também um repique — mais no sentido esportivo (de rebote) do que no musical (tipo de tambor ou toque agudo e repetido de um instrumento de percussão). Um repique em reação a certo baque.

Seria meio atrevido (ou preguiçoso) alegar que esse "repique" já está implícito neste livro e ficar nisso. Então explicitemos a ideia em poucas palavras. Se o repique no esporte é quando a bola volta ao jogo após bater em algo ou alguém, *Selvagem?* foi um rebote por devolver a bola e a torcida ao jogo após um desvio imprevisível de trajeto — a bola aqui é a alma popular, essa figura etérea de retórica de político. Essa alma andava sacudida desde o "cair em si" do luto por Tancredo e por sonhos de um país melhor que ele tinha encarnado após o baque das Diretas adiadas. Quando os novos roqueiros estrearam nos estúdios, cantaram com influências anglo-saxônicas repertórios mais de autoafirmação (dilemas juvenis, por exemplo) que os diferençavam de músicos de outras gerações. Mas, em meados dos anos 1980, superado o desafio identitário, resolveram olhar menos para eles mesmos (ok, nem todos). Resultado: o rock deles sintonizou um misto de esperança e luto.

Não foi a primeira nem a última vez que a música popular reagia aos novos ares de um país (ver as músicas de protesto dos anos 1960 como "Cálice" e "Aquele abraço"). Aliás, reações sonoras cruzam fronteiras — como o festival *Live Aid*, que em 1985 captou fundos para combater a fome na África. Daí Bi ter avaliado certa vez que *Selvagem?* saiu em meio a uma torrente: "tinha muita coisa represada musicalmente e intelectualmente que foi posta pra fora nesse momento aí". A fala remonta a *1986, o ano do rock brasileiro*, citado no capítulo inicial. Além dessa imagem do represamento até então, sua recapitulação deu conta do otimismo da banda com possibilidades da democracia, como a de "andar pra frente sem amarras" e ter acesso a mais "informações de fora". Retomo outra ideia ali já frisada neste livro: "era mais pela possibilidade" (menos pela realidade). Não seria uma abertura como tantas outras, mas uma com a utopia perdida.

Ao rever o documentário citado acima, para checar com exatidão a fala de Bi, um comentário de Dado Villa-Lobos me atraiu, a ponto de não poder deixá-lo de fora daqui: "A gente via com certa desconfiança, porque em 1985 a gente tava querendo Tancredo Neves de presidente e veio Sarney. Foi um baque violentíssimo para quem tava nos seus 20 anos", comentou o outrora guitarrista da Legião Urbana, que lembrou outro baque em seguida, ligado a um repique na economia. "Aí veio o pessoal escondendo o boi no pasto, o Plano Cruzado fez água e partimos pro Plano Bresser, eu acho. A gente vivia de planos em planos. Essa é a lembrança."

O luto pela onda Tancredo e a ruína do Plano Cruzado baquearam os brasileiros no reinício local da democracia, mas só o primeiro chegou a ressoar na trilha de 1986. Era chegada a vez dos batuques.

Muito antes de se urbanizar — logo, bem antes de estar na faixa que abria um LP de uma banda de rock —, o batuque dava um ritmo mais livre para negros escravizados. Não bastasse seus "senhores" imporem cotidianos cruéis àqueles corpos precificados, muitos desse topo da hierarquia social maldiziam a herança rítmica africana que unia resistência e escape na mesma batida. Queixoso desse rito de dança e de batuque, o conde da Ponte, que governou a Bahia no início do século XIX, não poupou o verbo contra escravos de Salvador: "Juntavam-se quando e onde queriam; dançavam e tocavam os estrondosos e dissonoros batuques por toda a cidade e a toda hora; nos arraiais e festas eram eles só os que se assenhoreavam do terreno, interrompendo quaisquer outros toques ou cantos."

Tão logo os negros mestiçaram os costumes, até para não os perderem, seus batuques ficaram menos ostensivos, adaptando-se à trilha das cidades e de festas populares de origem branca, como recuperou Muniz Sodré no livro *Samba, o dono do corpo*, no qual se lê a crítica do conde da Ponte. A adaptação no Rio de Janeiro incluiu até o confinamento do batuque nos lares das "tias" para evitar que fossem alvo de perseguições policiais e de outros atos de intolerância. Na casa da Tia Ciata, berço de "Pelo telefone", primeiro samba gravado, a batucada e os sambas se limitavam ao quintal e à parte dos fundos, enquanto os bailes (polcas e lundus) tomavam a sala de visita. A partir de casas como essa, o samba foi caindo no gosto popular e não sentiu abalos na venda de discos, mesmo após a torrente do rock nas rádios e TVs nos anos 1980. "A expansão do rock que está rendendo discos de ouro em penca a seus artistas de ponta, ao contrário do que sugere uma observação apressada, convive em harmonia com a recuperação mercadológica do samba", avisou no *Jornal do Brasil* o jornalista Tárik de Souza, que em fevereiro de 1986 via que a rota de colisão do rock seria com a chamada linha evolutiva da MPB (linhagem que remontava a João Gilberto e ia até Djavan, para nos atermos a nomes citados por ele em seu artigo "Rock: a estética do caos").

Se o som dos roqueiros não abafava o samba, por que não o abraçar de vez? De "Alagados" em diante, o rock assumiu o batuque outrora protegido dos intolerantes no quintal de casas de "tias" negras. Jorge Ben, Sepultura, Lobão e outros também abriram trilhas nessa rota, na qual o vigor da batucada só fez se somar ao da guitarra, do baixo e da bateria, que simbolizavam o gênero dos Beatles. De lá para cá, definições de gêneros (sejam musicais, literários, sexuais etc.) ficaram cada mais fluidas e a tendência *fusion* do disco de 1986 não é mais nicho: é *mainstream*.

Bem após a urbanização do samba, apenas três décadas e meia após *Selvagem?*, voltou-se a assistir a um retrocesso em muito do que nos parecia já consolidado em termos de respeito à diversidade cultural e outros avanços civilizacionais. A cultura não foi o único campo sob fogo, mas bastaria citar a retórica oficial frente às vítimas da covid-19 para não se duvidar da persistente e triste atualidade do adágio de que "a gente não sabemos escolher presidente"...

Deixada de lado esta página sem a esquecer, pode se ver no corrente ano de 2023 (ano também do quadragésimo aniversário da estreia dos Paralamas em disco) uma nova transição — distinta da de 1985 (certas vezes nem tanto), mas, ainda assim, transição. O noticiário de Brasília não mais baqueava como antes e, passada a pandemia, os batuques dos blocos voltavam à atividade anual em ruas cariocas e outras. Que nosso lado selvagem nos conduza mais a batuques como esses que àqueles baques (como os da insurgência pró-arbítrio do 8 de janeiro de 2023, de triste memória, por exemplo). Que os ritmos, em maior ou menor mistura, não nos enganem: onde há batuque, sempre pode haver baque.

Os Paralamas recebem o disco de platina por *O passo do Lui* no programa do Chacrinha, com Jorge Davidson, da EMI-Odeon, à direita.

Faixa-bônus: O encontro*

POR LIMINHA

Vi os Paralamas do Sucesso pela primeira vez no Circo Voador, começo de 83. Confesso que não entendi direito, não pela performance do grupo, mas por falta de um PA decente. Mesmo assim, deu para sentir que aqueles três já mostravam a genialidade de uma concepção artística que mais tarde inundaria nossos ouvidos.

Herbert parecia muito mais um estudante de Engenharia do que um candidato a *pop star*. Mas havia ali uma sabedoria, uma cabeça ligada, uma consciência para dar toques e uma capacidade de criar coisas interessantes para se ouvir. Bi e Barone, supercompenetrados em suas funções, pareciam estar tocando no Madison Square Garden, para nem sei quantas mil pessoas.

No final do show pintou uma *jam* e Herbert não perdeu tempo, aproveitando as condições favoráveis para mandar logo uma de suas músicas. Ficou claro, para mim, que naquele garoto havia uma grande vontade de vencer, de dar certo, e que ele acreditava muito no que estava fazendo.

---

* Texto anexo do *release* de *Selvagem?*, 1986, citado por Jamari França em *Os Paralamas do Sucesso*: *Vamo batê lata.* São Paulo: Ed. 34, 2003. pp. 98-100.

Algum tempo depois, ouvi no rádio a tal música ("Vital") e fiquei impressionado como aquele trio soava bem, como aquele minimalismo funcionava. Eu, como baixista, adoraria tocar com aquele baterista e criar aquelas frases de baixo. Que inveja!

A letra era inteligente. A melodia era demais. A voz fugia totalmente aos padrões estabelecidos. Tudo era novidade: não se tratava de um grupelho comum.

Fiquei "P" da vida comigo mesmo por não ter participado desta primeira aventura. Mais tarde, para aumentar ainda mais meu sofrimento, eles lançaram dois outros "rolos compressores": "Cinema mudo" e "O mordomo".

Acabamos nos encontrando (HV e eu) numa gravação do Kid Abelha. No meio da conversa, ele virou para mim e disse brincando: "Quando a gente crescer, a gente vai ser produzido por você" (mal sabia que...). Rimos muito e, é claro, adorei a brincadeira.

Não deu outra, meses depois eles me ligaram com um convite para a gravação do LP *Passo do Lui*, só que em cima da hora (coisa de principiante); eu estava começando um outro projeto em São Paulo. Era difícil acreditar, mas lamentavelmente nosso encontro se tornou impossível. Oh! Deus, por que fizestes isso comigo? Por que essas coincidências terríveis acontecem na vida?

Mais tarde, quando ouvi "Óculos", aí, sim, eu queria morrer mesmo. Aquele disco desencadeou uma febre de admiração por eles. Passou a ser uma referência fundamental. Gil e eu não cansávamos de comentar a respeito.

Fui ficando cada vez mais chapado com o trabalho dos Paralamas ao vivo. Nunca vi três pessoas renderem tanto em cima de um palco. Era uma verdadeira usina de som, nada chocava com nada (que união feliz...).

Entramos em nova fase de relacionamento. Eu vivendo a expectativa, uma ansiedade enorme, quase ajoelhado pedindo para trabalharmos juntos (chegamos até a tirar uma foto para o futuro LP, de gozação, *of course*). Mas o tempo foi passando, e fui relaxando e admitindo que eles não precisavam mais da minha ajuda. Pra quê? Já haviam mostrado que sabiam trabalhar direitinho e continuariam fazendo sucesso com ou sem a minha mão.

Paralelamente a isso tudo, surgiu uma grande amizade. Passamos o ano de 85 nos encontrando para nada, só para "trocar figurinhas", pra tocar sem compromisso. Herbert acabou sendo meu vizinho no mesmo andar e "sócio honorário" do Nas Nuvens. Foram muitas as partidas de pingue-pongue entre o Japonês (ele) e o Alemão (eu), ou os "Vianna" contra os "Lima Filho".

Nem precisamos voltar a conversar sobre o próximo disco. Chegamos à conclusão de que nós nos divertiríamos muito. Afinal, fazíamos parte de uma mesma tribo, falávamos o mesmo idioma. Eu já não aguentava mais: queria de qualquer jeito ouvir o "sinal" absurdo da caixa de João Barone, o baixo hipnótico de Bi Ribeiro e as guitarras pilotadas por Herbert Vianna. Tudo isso aconteceu a um palmo de meu nariz e desta vez eu quase morri novamente, só que de felicidade.

Assim foi a gravação de *Selvagem?*: um alto-astral, um encontro de feras e amigos. Um som "cheio de ombro", mulato, onde ninguém teve vergonha de mostrar que é do $3^{\underline{o}}$ mundo. Um disco forte e desestruturante que marca o início de uma nova era da música brasileira.

Notas

[1] Bryan, Guilherme. *A autoria no videoclipe brasileiro*: Estudo da obra de Roberto Berliner, Oscar Rodrigues Alves e Maurício Eça. Tese (Doutorado em Meios e Processos Audiovisuais). São Paulo: ECA/USP, 2011, p. 280.

[2] Herbert Vianna citado por Bryan, Guilherme. *Quem tem um sonho não dança*: Cultura jovem brasileira nos anos 80. Rio de Janeiro: Record, 2004, pp. 337-8.

[3] Liminha citado por Bryan, Guilherme. *Quem tem um sonho não dança*: *Cultura jovem brasileira nos anos 80*. Rio de Janeiro: Record, 2004, p. 338.

[4] *1986, o ano do rock brasileiro* (minidocumentário, online no canal Trip TV/YouTube). Prod.: Juliana Carletti, 2016.

[5] Dapieve, Arthur. *BRock: O rock brasileiro dos anos 80.* 3 ed. São Paulo: Editora 34, 2000, p. 86.

[6] Grangeia, Mario Luis. *Brasil: Cazuza, Renato Russo e a transição democrática*. Rio de Janeiro: Civilização Brasileira, 2016; "Pátria amada, não idolatrada: O Brasil no rock dos anos 1980/1990", in: Ferreira, Jorge; Delgado, Lucilia de Almeida Neves (orgs.). *O tempo da Nova República: Da transição democrática à crise política de 2016* (coleção O Brasil Republicano, v. 5). Rio de Janeiro: Civilização Brasileira, 2018, pp. 353-87; "O roqueiro e os monstros: Raul Seixas, esoterismo e ditadura", in: Ferreira, Jorge; Carloni, Karla (orgs.). *A república no Brasil: Trajetórias de vida entre a democracia e a ditadura*. Niterói: Eduff, 2019, pp. 509-38; "Depois da esperança, a desilusão: Transição democrática no rock do Brasil dos anos 1980". *Interseções: Revista de Estudos Interdisciplinares* (Uerj), v. 24, n. 2, 2022, pp. 200-223.

[7] O *release* do disco, de autoria da banda, consta no capítulo sobre as faixas (Cap. 4).

[8] Fernandes, Florestan. "O Brasil na encruzilhada, 21/3/85" in: *Que tipo de República?*. 2ª ed. São Paulo: Globo, 2007, p. 151.

[9] Gaspari, Elio. *A ditadura acabada*. Rio de Janeiro: Intrínseca, 2016.

[10] Barão Vermelho. *Ao vivo no Rock in Rio*, 1992 [1985].

[11] Os Paralamas tocam "Inútil" no Rock in Rio (canal "Memorial da Democracia", YouTube, 2014).

[12] Sarney, 21/4/1985, em *Brasil. Galeria dos ex-presidentes*. Brasília: Biblioteca da Presidência da República, 2020.

[13] Verbete "José Sarney", em Abreu, Alzira A. de (org.) et al. *Dicionário histórico-biográfico brasileiro*. Rio de Janeiro: FGV, 2001.

[14] Gaspari, Elio. *A ditadura acabada*. Rio de Janeiro: Intrínseca, 2016.

[15] Fernandes, Florestan. "O Brasil na encruzilhada, 21/3/85", in: *Que tipo de República?* 2ª ed. São Paulo: Globo, 2007, p. 150.

[16] Leite, Edmundo. "Bete Mendes denunciou Ustra: 'fui torturada por ele'". *O Estado de S. Paulo* (online), 14/8/2012.

[17] Gaspari, Elio. *A ditadura acabada*. Rio de Janeiro: Intrínseca, 2016.

[18] Verbete "Plano Cruzado", em Abreu, Alzira A. de (org.) et al. *Dicionário histórico-biográfico brasileiro*. Rio de Janeiro: FGV, 2001.

[19] Ipea. *Ipeadata* (online). Rio de Janeiro: Ipea, 2020.

[20] Grangeia, Mario Luis. *Injustiça, atraso e dívida: Desigualdades no discurso de governos brasileiros.* Tese (Doutorado em Sociologia). Rio de Janeiro: UFRJ, 2016.

[21] Mensagem ao Congresso Nacional, 1986, em *Brasil. Galeria dos ex-presidentes*. Brasília: Biblioteca da Presidência da República, 2020.

[22] "Igreja impede brasileiros de ver 'Ave Maria' de Godard". *Folha de S. Paulo*, 5/2/1986, p. 33. Os diálogos na abertura desta seção também têm essa reportagem como fonte.

[23] Kushnir, Beatriz. *Cães de guarda*: jornalistas e censores, do AI-5 à Constituição de 1988. 1ª ed. rev. São Paulo: Boitempo, 2012.

[24] "FestRio começa com protestos pelo veto a filme de Godard". *Jornal do Brasil*, 22/11/1985, p. 5.

[25] *Brasil: Nunca mais* foi um relatório sobre a extensão da repressão política no Brasil com informações de centenas de processos do Superior Tribunal Militar; teve uma versão que resumia informações publicada em livro de 1985.

[26] Vídeo *Prêmio UBC 2020: Ano Herbert Vianna* (canal UBC – União Brasileira de Compositores, YouTube, 2020).

[27] Depoimento de Bi Ribeiro ao programa *Arte na Capa*, episódio "Os Paralamas do Sucesso — *Selvagem?*" (Canal Brasil, 2019).

[28] Depoimento de João Barone em *O Som do Vinil* (Canal Brasil, 2016).

[29] Cony, Carlos Heitor. "Bar Memória". *Folha de S. Paulo* (online). 12/6/1994.

[30] Depoimento de Herbert Vianna no no documentário *Behind the Music: Os Paralamas do Sucesso* (VH1, 2008)

[31] Levinson, Bruno. *Não se preocupe comigo — Marcelo Yuka* (digital). Rio de Janeiro: Sextante, 2014, p. 134.

[32] Depoimento de João Barone ao autor, em 23/4/2021.

[33] Ascenção, Andréa. *Ultraje a rigor: Nós vamos invadir sua praia*. Caxias do Sul: Belas Letras, 2011.

[34] Camacho, Marcelo. "Vou para o tribunal" [Entrevista: Herbert Vianna]. *Veja*, 5/7/1995, p. 9.

[35] Juarez Fonseca, 1985, citado por França, Jamari. *Os Paralamas do Sucesso: Vamo batê lata*. São Paulo: 34, 2003, p.76.

[36] Bi Ribeiro, citado por França, J. *Os Paralamas do Sucesso: Vamo batê lata.* São Paulo: Ed. 34, 2003, p. 65.

[37] Entrevista de Bi Ribeiro ao autor, em 23/3/2021.

[38] Entrevista de João Barone ao autor, em 2/4/2021.

[39] Entrevista de Bi Ribeiro ao autor, em 23/3/2021.

[40] Entrevista de João Barone ao autor, em 2/4/2021.

[41] Lima, Roni. "O sucesso atrás das lentes" [Entrevista: Herbert Vianna]. *Veja*, 13/2/1985, pp. 3-6.

[42] João Barone, citado por França, J. *Os Paralamas do Sucesso: Vamo batê lata.* São Paulo: Ed. 34, 2003, p. 79.

[43] Entrevistas de Bi Ribeiro, João Barone e José Fortes ao autor (23/3, 2/4 e 1/4/2021).

[44] H. Vianna, J. Barone, citados por França, J. *Os Paralamas do Sucesso: Vamo batê Lata*. São Paulo: Ed. 34, 2003, p. 81.

[45] Herbert Vianna, 1985, citado por França, J. *Os Paralamas do Sucesso: Vamo batê lata*. São Paulo: Ed. 34, 2003, p. 83.

[46] Lima, Roni. "O sucesso atrás das lentes" [Entrevista: Herbert Vianna]. *Veja*, 13/2/1985, pp. 3-6.

[47] Dapieve, A. *BRock: O rock brasileiro dos anos 80*. 3ª ed. São Paulo: ed. 34, 2000, p. 79.

[48] Bi Ribeiro, citado por França, J. *Os Paralamas do Sucesso: Vamo batê lata*. São Paulo: Ed. 34, 2003, p. 15.

[49] Herbert Vianna, citado por França, J. *Os Paralamas do Sucesso: Vamo batê lata*. São Paulo: Ed. 34, 2003, p. 22.

[50] Herbert Vianna, citado por França, J. *Os Paralamas do Sucesso: Vamo batê lata*. São Paulo: Ed. 34, 2003, p. 23.

[51] Pereira, Leonardo Dias. "Os 100 maiores discos da música brasileira, *Selvagem?* — Paralamas do Sucesso (1986, EMI)". *Rolling Stone* (digital). n.13. out. 2007.

[52] "'Cabeça dinossauro', dos Titãs, é eleito o melhor disco". *Folha de S. Paulo* (digital), 18/2/1997.

[53] *Discoteca Básica Podcast* [T04E08]: *Selvagem?* — *Os Paralamas do Sucesso*, 27/6/2022; Araújo, Bernardo. "Da Lama ao Caos", de Chico Science & Nação Zumbi, é eleito o melhor disco da MPB nos últimos 40 anos. *O Globo* (digital), 13/6/2022.

[54] Entrevista de José Fortes ao autor, em 1/4/2021.

[55] Lima, Jorge de. *Invenção de Orfeu*. Rio de Janeiro: Alfaguara, 2017, p. 20.

[56] Bahiana, Ana Maria. *Pólvora* [livro para caixa de CDs remasterizados]. Rio de Janeiro: EMI, 1997.

[57] Depoimento de Liminha no programa sobre *Selvagem?* do *Discoteca MTV* (MTV Brasil, 2007).

[58] Entrevista de José Fortes ao autor, em 1/4/2021.

[59] "Selvagem?" citado por França, J. *Os Paralamas do Sucesso: Vamo batê lata*. São Paulo: Ed. 34, 2003, pp. 96-98.

[60] Alzer, Luiz André; Claudino, Mariana. *Almanaque Anos 80*. Rio de Janeiro: Ediouro, 2004.

[61] Amado, Jorge. *Bahia de Todos-os-Santos*: *Guia de ruas e mistérios* [e-book]. São Paulo: Companhia das Letras, 2012, p. 6.

[62] Op. cit., pp. 59 e 61.

[63] Jaffe, Rivke; Dürr, Eveline; Jones, Gareth A.; Angelini, Alessandro; Osbourne, Alana; Vodopivec, Barbara. "What does poverty feel like? Urban inequality and the politics of sensation". *Urban Studies*, v. 57, n. 5, 2020, pp. 1015-1031.

[64] Holston, James. *Cidadania insurgente*: *Disjunções da democracia e da modernidade no Brasil*. São Paulo: Companhia das Letras, 2012, p. 197.

[65] Barreiros, Edmundo; Só, Pedro. *1985: O ano em que o Brasil recomeçou*. Rio de Janeiro: Ediouro, 2005, p. 131.

[66] Vargas Llosa, Mario. Trench Town Rocks. *The American Scholar*, v. 71, n. 3, 2002, p. 55 (tradução livre).

[67] Op. cit., p. 56 (tradução livre).

[68] Depoimento de Jorge Davidson no documentário *Behind the Music: Os Paralamas do Sucesso* (2008).

[69] Motta, Nelson. *101 músicas que tocaram o Brasil*. Rio de Janeiro: Estação Brasil, 2016.

[70] Hermano Vianna, citado por França, J. *Os Paralamas do Sucesso: Vamo batê lata*. São Paulo: Ed. 34, 2003, p. 86.

[71] Vianna, Hermano. "Trilha familiar para seguir adiante". *O Globo* "Segundo Caderno", 4/10/2020, p. 1.

[72] Entrevista de Herbert Vianna à *Mix*, 1986, recuperada por Paulo Marchetti no portal *Sete doses de cachaça*, 2009.

[73] Depoimento de João Barone ao autor, em 30/4/2021.

[74] Newman, Cathy. "A Life Revealed". *National Geographic*, abril, 2002. Disponível em: https://www.nationalgeographic.com/magazine/2002/04/afghan-girl-revealed/ Acesso: out. 2020. (tradução livre)

[75] "Movimento nacional de meninos e meninas de rua". *Psicologia: Ciência e Profissão*. v. 8, n. 1, 1988, p. 14.

[76] H. Vianna citado por Leoni. *Letra, música e outras conversas*. São Paulo: Corsário-Satã, 2022.

[77] Depoimento de Bi Ribeiro em *O Som do Vinil* (Canal Brasil, 2016).

[78] Gil, Gilberto. *Gilberto Gil: Músicas*. Disponível: https://gilbertogil.com.br/conteudo/musicas/. Acesso em: out. 2020.

[79] Herbert Vianna citado por França, J. *Os Paralamas do Sucesso: Vamo batê lata*. São Paulo: Ed. 34, 2003, p. 93.

[80] Herbert Vianna em depoimento no DVD *Os Paralamas do Sucesso 30 Anos*.

[81] H. Vianna, citado por Leoni. *Letra, música e outras conversas*. São Paulo: Corsário-Satã, 2022.

[82] Relatório do Desenvolvimento Humano 2020, das Nações Unidas (PNUD), citado por Mazza, Luigi; Guimarães, Hellen; Buono, Renata. Puxando o IDH para baixo. *Piauí* [digital], 4/1/2021.

[83] Tilly, Charles. *Durable Inequality*. Berkeley: University of California Press, 1998.

[84] França, Jamari. *Os Paralamas do Sucesso: Vamo batê lata*. São Paulo: Ed. 34, 2003, p. 93.

[85] "A novidade", in: *Second Hand Songs. SecondHandSongs.com.*, 2020.

[86] Entrevista de Bi Ribeiro ao autor, em 25/3/2021; e Valladares, M. *Os Paralamas do Sucesso*. Com textos de Arthur Dapieve. Rio de Janeiro: Senac Rio; São Paulo: Jaboticaba, 2006.

[87] G1. Miele gravou "Melô do tagarela", considerado o primeiro rap brasileiro [digital], 14/10/2015.

[88] Tavares, Breitner. "Geração hip-hop e a construção do imaginário na perferia do Distrito Federal" *Sociedade e Estado,* v. 25, n.2, 2010, pp. 321-322.

[89] Entrevista de João Barone ao autor, em 2/4/2021.

[90] Depoimento de João Barone em *O Som do Vinil* (disponível o making-of *Em construção*, Canal Brasil, 2016).

[91] Similaridade apontada, por exemplo, no *Discoteca Básica Podcast*, episódio sobre o disco *Selvagem?* (T04E08), disponível nas principais plataformas de *streaming*.

[92] Kant de Lima, Roberto. "Cultura jurídica e práticas policiais: A tradição inquisitorial". *Revista Brasileira de Ciências Sociais*, v. 4, n. 10, 1989, pp. 65-84.

[93] Sarney, 17/4/1985, em *Brasil. Galeria dos ex-presidentes*. Brasília: Biblioteca da Presidência da República, 2020.

[94] Galeano, Eduardo. Os ninguéns. *O livro dos abraços*. Porto Alegre: LP&M, 2002.

[95] Susman, Gary. "'Lady and the Tramp': 19 Things You (Probably) Didn't Know About the Disney Classic", in: *Movie Fone*, 22/6/2015. Disponível em: https://www.moviefone.com/2015/06/22/lady-and-the-tramp-things-you-didnt-know/.

[96] Depoimentos a Paulo Miklos no *Mix ao vivo: Álbuns Clássicos*, de 14/6/2012.

[97] Em tradução livre do autor: Telefones estão tocando por toda parte/ Mas não aqui na minha casa/ Posso ouvir o que as pessoas dizem/ Sei que elas estão saindo// Tem uma festa/ No Mundo esta noite/ Tem uma festa/ E eles se sentem tão bem/ Tem uma festa/ E não há ninguém a meu lado// Não acho que eles se importam comigo/ Quando estão se divertindo/ Eu sento, como e assisto à TV/ A noite mal começou// Tem uma festa/ No Mundo esta noite/ Tem uma festa/ E eles se sentem tão bem/ Tem uma festa/ E não há ninguém a meu lado/ Mas não me importo// Um homem aparece na tela prateada/ Ele parece saber que não tenho mais ninguém pra conversar/ Pra conversar// Não acho que eles se importam comigo/ Quando estão se divertindo/ Eu sento, como e assisto à TV/ A noite mal começou// Tem uma festa/ No Mundo esta noite/ Tem uma festa/ E eles se sentem tão bem/ Tem uma festa/ E não há ninguém a meu lado/ Já disse 'Tudo bem!'.

[98] Entrevista de João Barone ao autor, em 2/4/2021.

[99] Entrevista de Bi Ribeiro ao autor, em 25/3/2021.

[100] H. Vlanna, citado por Leoni. *Letra, música e outras conversas*. São Paulo: Corsário-Satã, 2022.

[101] Memória Globo. Roda de fogo. *Memória Globo: Novelas* (digital). Acesso em: dez. 2020.

[102] Depoimento de Tim Maia citado em Motta, Nelson. *Vale tudo: O som e a fúria de Tim Maia* (ebook). Rio de Janeiro: Objetiva, 2006.

[103] "Você", in: *Second Hand Songs*. SecondHandSongs.com, 2020

[104] Motta, Nelson. *Vale tudo: O som e a fúria de Tim Maia* (e-book). Rio de Janeiro: Objetiva, 2006.

[105] Depoimento de Gilberto Gil no programa/podcast *Minha Canção* [T03]: Gilberto Gil" (parte 1).

[106] Entrevista de Bi Ribeiro ao autor, em 25/3/2021.

[107] Depoimentos a Paulo Miklos no *Mix ao vivo: Álbuns Clássicos*, de 14/6/2012.

[108] Depoimento de João Barone no DVD *Os Paralamas do Sucesso 30 anos*.

[109] Depoimento de Herbert Vianna em entrevista ao programa *Roda Viva* (TV Cultura, 1995).

[110] Amarante, Leonor. "Selvagens do reggae. Aqui e já". *O Estado de S. Paulo* "Caderno 2", 16/5/1986, p. 3.

[111] Depoimentos de Bi, Barone e Herbert em *V, o Vídeo*, consultado a partir do acervo da TV Zero.

[112] Camacho, Marcelo. "Vou para o tribunal" [Entrevista: Herbert Vianna]. *Veja*, 5/7/1995, p. 9.

[113] Zwetsch, Valdir. "Pulsações de uma África elétrica". *O Estado de S.Paulo* "Caderno 2", 8/5/1986, p. 8.

[114] Albuquerque, Carlos. *O eterno verão do reggae*. Rio de Janeiro: Ed. 34, 1997, p. 153.

[115] Angélica, Joana *et al*. "A olho nu, um mundo mais nítido e mais amplo". *O Globo* "Segundo Caderno", 26/4/1986, p. 1.

[116] Rondeau, José Emilio. "Paralamas em busca do batuque esquecido". *Bizz*, n. 11, jun. 1986, p. 24-7.

[117] Entrevista de João Barone ao autor, em 2/4/2021.

[118] Entrevista de Bi Ribeiro ao autor, em 25/3/2021.

[119] Entrevista de José Fortes ao autor, em 1/4/2021.

[120] João Barone citado por Marchetti, Paulo. Série Clássicos de 1986: 7 — *Selvagem? Sete doses de cachaça*. 2/2/2009. Disponível em

https://setedoses.blogspot.com/2009/02/serie-classicos-de-1986-7-selvagem.html.

[121] *Les Enfants du Rock*, da TV francesa Antenne 2 [disponível no canal "Paralâmico Fissurado", YouTube], 4/11/2014.

[122] Idem.

[123] Rondeau, José Emilio. "Cenas do último capítulo". *Bizz,* n. 11, Junho 1986, pp. 30-4.

[124] Depoimento de Herbert Vianna ao programa de TV *Gente de Expressão*, 1994.

[125] Rondeau, José Emilio. "Paralamas em busca do batuque esquecido". *Bizz,* n. 11, jun. 1986, pp. 24-7.

[126] H. Vianna, citado por Rondeau, José Emilio. "Paralamas em busca do batuque esquecido". *Bizz,* n. 11, jun. 1986, p. 27.

[127] França, Jamari. "Fim do mundo e o casamento dos Miquinhos" (*Rock Clips*). *Jornal do Brasil* "Caderno B"*,* 18/4/86, p. 10.

[128] Abirached, Milton. "Paralamas fazem o verão em pleno inverno carioca". *O Globo* "Jornal dos Bairros: Botafogo"*,* 5/8/1986, p. 17.

[129] Entrevista de João Barone ao autor, em 2/4/2021.

[130] H. Vianna, citado por Alexandre, Ricardo. *Dias de luta*: O rock e o Brasil dos anos 80. 2ª ed. Porto Alegre: Arquipélago, 2017, p. 306.

[131] Gonçalves, Marcos Augusto. "Paralamas, pela trilha selvagem". *Folha de S.Paulo*, "Ilustrada", 13/5/1986, p. 39.

[132] Giron, Luís Antônio. "Pop no quintal", *Veja*, 14/5/1986, p. 115.

[133] Depoimento de Bi Ribeiro no programa sobre "Selvagem?", do *Discoteca MTV* (2007), e entrevista ao autor (2021).

[134] Depoimento de Herbert Vianna ao programa de TV *Gente de Expressão*, 1994.

[135] Jornal do Brasil. "As noites quentes de abril". *Jornal do Brasil*, Domingo, 20/4/1986, pp. 21-6.

[136] França, Jamari. "A polêmica dos Paralamas". *Jornal do Brasil*, "Caderno B", 30/7/1986, p. 1.

[137] Entrevista de Bi Ribeiro ao autor, em 25/3/2021.

[138] Entrevista de João Barone ao autor, em 2/4/2021.

[139] Vianna, Hermano. "O papo furado dos ingleses". *Jornal do Brasil*, "Caderno B", 28/2/1986, p. 10.

[140] Mansur, Luiz Carlos. "Professor de rock. *Jornal do Brasil*, "Caderno B, 19/10/1987, p. 6.

[141] H. Vianna, citado por Alexandre, Ricardo. *Dias de luta: O rock e o Brasil dos anos 80*. 2ª ed. Porto Alegre: Arquipélago, 2017, p. 402.

[142] Lobão. *Guia Politicamente Incorreto dos anos 80 pelo rock*. Rio de Janeiro: LeYa, 2017, p. 275.

[143] Abirached, Milton. "Paralamas fazem o verão em pleno inverno carioca". *O Globo,* "Jornal dos Bairros: Botafogo", 5/8/1986, p. 17.

[144] Giron, Luís Antônio. "O tango é dos jovens" [Entrevista: Astor Piazzolla]. *Veja*, 30/4/1986, p. 8.

[145] Valladares, Mauricio. *Os Paralamas do Sucesso* (textos: Arthur Dapieve). Rio de Janeiro/São Paulo: Editora Senac Rio, Jaboticaba, 2006, foto 37.

[146] Valladares, Mauricio. *Os Paralamas do Sucesso* (textos: Arthur Dapieve). Rio de Janeiro; São Paulo: Editora Senac Rio, Jaboticaba, 2006, foto 38.

[147] Antunes, Pedro. "Paralamas do Sucesso relançam obra completa em caixa com extras". *O Estado de S. Paulo* (digital), 26/4/2015.

[148] Firpo, Hernán. "El día que el rock argentino fue la banda de sonido de la democracia". *Clarín* (digital), 26/12/2018.

[149] Depoimento de Herbert Vianna no programa sobre "*Selvagem?*" do *Discoteca MTV* (MTV Brasil, 2007).

[150] Carlo Polimeni, *Clarín*, 19/11/1986, citado por Dapieve, Arthur. *BRock: O rock brasileiro dos anos 80*. 3ª ed. São Paulo: Ed. 34, 2000, p. 85.

[151] Carbonell, Jazmín. "Bonus track: Retrato emotivo de Herbert Vianna". *La Nación* (digital), 13/10/2018.

[152] Naves, Santuza. C. "Caetano Veloso: 'E onde queres romântico, burguês'", in: *A canção brasileira: Leituras do Brasil através da música*. Rio de Janeiro: Zahar, 2015, p. 170.

[153] Napolitano, Marcos. *História & música*. Belo Horizonte: Autêntica, 2002, p. 77.

[154] Dapieve, Artur. *BRock: O rock brasileiro dos anos 80*. 3ª ed. São Paulo: ed. 34, 2000 [1995]; Alexandre, Ricardo. *Dias de luta: O rock e o Brasil dos anos 80,* 2ª ed. Porto Alegre: Arquipélago, 2017 [2002]; Bryan, Guilherme. *Quem tem um sonho não dança: Cultura jovem brasileira nos anos 80*. Rio de Janeiro: Record, 2004.

[155] Moraes, José Geraldo Vinci de. "História e música: Canção popular e conhecimento histórico". *Revista Brasileira de História*, v. 20, n. 39, 2000, pp. 203-21.

[156] Depoimento de Erasmo Carlos ao programa de TV *Áudio Retrato*, 2015.

[157] Naves, Santuza C. *Da Bossa Nova à Tropicália*. Rio de Janeiro: Jorge Zahar, 2001.

[158] Calado, Carlos. *Tropicália: A história de uma revolução musical*. Rio de Janeiro: Ed. 34, 1997.

[159] Tinhorão, José Ramos. *Pequena história da música popular: Da modinha ao tropicalismo*. São Paulo: Art Editora, 1986.

[160] Ridenti, Marcelo. *Em busca do povo brasileiro: Artistas da revolução, do CPC à era da TV.* Rio de Janeiro: Record, 2000, p. 55.

[161] Raul Seixas, 1975 citado por Bahiana, Ana Maria, "Eu em noites de Sol [1975]", in: Passos, S. *Raul Seixas por ele mesmo*. São Paulo: Martin Claret, 2003, p. 15.

[162] Ribeiro, Júlio Naves. "Alguns contornos semânticos da categoria 'autenticidade' no rock brasileiro dos anos 80", in: Giumbelli, E.; Diniz, J. C. V.; Naves, S. C. (orgs.). *Leituras sobre música popular: Reflexões sobre sonoridades e cultura*. Rio de Janeiro: 7Letras, 2008, pp. 364-80.

[163] Depoimento de Edgar Scandurra ao *Baú de Clássicos* (YouTube, 2012).

[164] França, Jamari. Coluna "Rock Clips". *Jornal do Brasil* "Caderno B", 28/2/1986, p. 10.

[165] Depoimento de Seabra ao documentário *Rock Brasília* (dir.: Vladimir Carvalho, 2011).

[166] Encarnação, Paulo Gustavo da. "Eu não acredito no futuro do Brasil: Rock e política no Brasil dos anos 1980". *Albuquerque: Revista de História*. v. 8, n. 15, 2016, pp. 203-4.

[167] Renato Russo, 1992, citado por Assad, Simone (coord.). *Renato Russo de A a Z: As ideias do líder da Legião Urbana*. Campo Grande: Letra Livre, 2000, p. 196.

[168] Renato Russo, citado por Brito, Hagamenon. "Legião Urbana". *A Tarde*. Salvador, 7/11/1989.

[169] Marcelo Bonfá, citado em *Dois (1986): Legião Urbana: Entrevistas a Charles Gavin*. Rio de Janeiro: Irmã | Livros de Criação, 2016, p. 63.

[170] Depoimento de Fernando Gabeira no especial *Legião Urbana e Paralamas juntos* (TV Globo, 1988).

[171] Godoy, Omar. Perfil do leitor: Charles Gavin — Para entender o Brasil. *Cândido*, n. 66: 2017. Disponível em: https://www.bpp.pr.gov.br/Candido/Pagina/Perfil-do-Leitor-Charles-Gavin. Acesso em: out. 2020.

[172] Charles. Gavin, citado por Lichote, Leonardo; Reis, Luiz Felipe. Som jurássico. *O Globo* "Segundo Caderno", 20/10/2016, p. 1.

[173] Depoimento de Charles Gavin no DVD *Os Paralamas do Sucesso 30 anos*.

[174] Aguiar, Joaquim Alves de. "Panorama da música popular brasileira: da Bossa Nova ao *rock* dos anos 80", in: Sosnowski, Saúl; Schwartz, Jorge (orgs.). *Brasil: O trânsito da memória*. São Paulo: Edusp, 1994, p. 153.

[175] Pinto, José Nêumanne. "O atual 'rock' brasileiro é um produto artificial". *Jornal do Brasil*, "Caderno B", 25/10/1983, p. 2.

[176] Depoimento de Arthur Dapieve no DVD *Os Paralamas do Sucesso 30 anos*.

[177] Paiva, Marcelo Rubens; Nascimento, Clemente Tadeu. *Meninos em fúria: E o som que mudou a música para sempre*. Rio de Janeiro: Alfaguara, 2016.

[178] H. Vianna citado por Leoni. *Letra, música e outras conversas*. 2ed. São Paulo: Correio-Satã, 2022. (Este autor agradece a Leoni pelo acesso.)

[179] Entrevista de Bi Ribeiro ao autor, em 25/3/2021.

[180] Entrevista de João Barone ao autor, em 2/4/2021.

Ficha técnica do disco

Selvagem?

Produzido por Liminha
Gravado no estúdio Nas Nuvens em fevereiro-março/1986

Engenheiro de gravação — Vítor Farias
Mixagem — Vítor Farias, Liminha e Paralamas
Assistente de estúdio — Bernardo Muricy
Assistente técnico — Ricardo Garcia
Assistente de produção — José Fortes
Direção artística — Jorge Davidson
Capa — Ricardo Leite
Fotos — Mauricio Valladares
Coordenação gráfica — J. C. Mello

Músicos
Herbert Vianna — guitarra e voz
Bi Ribeiro — baixo
João Barone — bateria

Participações
Gilberto Gil — vocal em "Alagados"
Liminha — teclados em "Alagados", "Teerã", "Você" e "A novidade" e *guitar phaser* em "Alagados"
Armando Marçal — percussão em "Alagados", "Teerã" e "Você"

Agradecimentos

Ao time Paralamas pelas partilhas não só musicais, mas também pelas gentilezas mais recentes ou remotas. A Leoni, Liminha, Mauricio Valladares e Roberto Berliner, por cederem pérolas dos respectivos trabalhos.

Aos pesquisadores que dividem esta praia e a jornalistas que vão além do "rascunho da História".

A cada artista citado neste livro, com obras de valor inestimável — como a pandemia mostrou, por linhas tortas, são obras de pessoas como eles que trazem muito mais à nossa vida sem precisarmos ir longe.

A Consuelo Dieguez, Elisa P. Reis e, em memória, Santuza C. Naves, por seus exemplos para além das orientações na *Exame*, na UFRJ e na PUC-Rio.

Aos colegas-cúmplices dos anos no curso pré-vestibular comunitário InVest, espaço de aprendizados sem fim no qual esbocei o estilo de análise de letras que aprimorei aqui, no Capítulo 4 deste livro.

A Aïcha Barat e Mauro Gaspar, pelo belo trabalho editorial, a Fred Coelho e Valeska de Aguirre, outros cúmplices neste livro, e a autores desta coleção tão cara à memória da música brasileira. A Isabel Diegues, cujo empreendedorismo editorial aprecio desde o *Saga lusa*, e a Melina Bial, Carina Faleiro e Bento Gonzalez, que viabilizaram tanto deste livro, como a inclusão de todas as letras e fotos aqui contidas.

A Rodrigo Carneiro, companheiro em vários shows dos Paralamas, e a Shuiti Okasaki Junior, "editor" da fita cassete que me familiarizou com a banda.

A meus leitores de confiança, Daniel Moutinho, Lis Vilaça e Ricardo Westin, e a Helena Aragão e Leonardo Bruno, também parceiros de trocas para este livro.

E à minha família pelas incontáveis lições.

Créditos

p.12 *Frame* do clipe de "A novidade", Rio de Janeiro, 1986. Direção: Roberto Berliner e Sandra Kogut. Acervo TV Zero.

p. 20 Mauricio Valladares, *Os Paralamas do Sucesso, bar Memória*, Rio de Janeiro, março de 1986. Acervo Mauricio Valladares.

p. 32 *Frame* do clipe de "Alagados", Rio de Janeiro, 1986. Direção: Roberto Berliner. Acervo TV Zero.

p.50 Manuscrito da letra de "Melô do marinheiro" de João Barone, 1985. Acervo Os Paralamas do Sucesso.

p.96 Mauricio Valladares, *Os Paralamas do Sucesso*, Casa Rosada, Buenos Aires, março de 1986. Acervo Mauricio Valladares.

p.118 Os Paralamas do Sucesso com Evandro Mesquita e Juba, da Blitz, março de 1985. Acervo Os Paralamas do Sucesso.

p.134 *Frame* de entrevista com Os Paralamas do Sucesso no filme *V, o Vídeo*, Rio de Janeiro, 1987. Direção Roberto Berliner e Sandra Kogut. Acervo TV Zero.

p. 142 Os Paralamas recebem o disco de platina por *O Passo do Lui* no programa do Chacrinha, com Jorge Davidson, da EMI-Odeon, à direita. Acervo Os Paralamas do Sucesso/ EMI Odeon.

Imagens gentilmente cedidas por Os Paralamas do Sucesso, Os Quatro, José Fortes, Mauricio Valladares e TV Zero.

Letras gentilmente cedidas por Universal, Os Paralamas do Sucesso, Sony Music Publishing e Gege Produções.

Todos os esforços foram feitos para a obtenção das autorizações das imagens reproduzidas neste livro. Caso ocorra alguma omissão os direitos encontram-se reservados aos seus titulares.

O autor, Mario Luis Grangeia, renunciou a seu percentual de direito autoral sobre este livro em benefício do Curso InVest, pré-vestibular comunitário no Rio de Janeiro, que receberá integralmente os repasses.

© Editora de Livros Cobogó, 2023

Editora-chefe
Isabel Diegues

Editora
Aïcha Barat

Coordenação de produção
Melina Bial

Assistente de produção
Carina Faleiro
Bento Gonzalez

Revisão final
Eduardo Carneiro

Projeto gráfico e diagramação
Mari Taboada

Capa
Radiográfico

CIP-BRASIL. CATALOGAÇÃO-NA-FONTE
SINDICATO NACIONAL DOS EDITORES DE LIVROS, RJ

G785p   Grangeia, Mario Luis
Os Paralamas do Sucesso : Selvagem? / Mario Luis Grangeia. - 1. ed. - Rio de Janeiro : Cobogó, 2023.

168 p. ; 19 cm. (O livro do disco)

ISBN 978-65-5691-105-2

1. Rock - Brasil - História e crítica. 2. Os Paralamas do Sucesso (Conjunto musical). Selvagem?. I. Título. II. Série.

23-84808   CDD: 782.421660981
CDU: 78.011.26(09)(81)

Meri Gleice Rodriques de Souza - Bibliotecária - CRB-7/6439

Todos os direitos reservados à
Editora de Livros Cobogó Ltda.
Rua Gen. Dionísio, 53, Humaitá
Rio de Janeiro, RJ, Brasil – 22271-050
www.cobogo.com.br

O LIVRO DO DISCO

Organização: Frederico Coelho | Mauro Gaspar

The Velvet Underground | **The Velvet Underground and Nico**
Joe Harvard

Jorge Ben Jor | **A tábua de esmeralda**
Paulo da Costa e Silva

Tom Zé | **Estudando o samba**
Bernardo Oliveira

DJ Shadow | **Endtroducing...**
Eliot Wilder

O Rappa | **LadoB LadoA**
Frederico Coelho

Sonic Youth | **Daydream nation**
Matthew Stearns

Legião Urbana | **As quatro estações**
Mariano Marovatto

Joy Division | **Unknown Pleasures**
Chris Ott

Stevie Wonder | **Songs in the Key of Life**
Zeth Lundy

Jimi Hendrix | **Electric Ladyland**
John Perry

Led Zeppelin | **Led Zeppelin IV**
Erik Davis

Neil Young | **Harvest**
Sam Inglis

Beastie Boys | **Paul's Boutique**
Dan LeRoy

Gilberto Gil | **Refavela**
Maurício Barros de Castro

Nirvana | **In Utero**
Gillian G. Gaar

David Bowie | **Low**
Hugo Wilcken

Milton Nascimento e Lô Borges | **Clube da Esquina**
Paulo Thiago de Mello

Tropicália ou Panis et circensis
Pedro Duarte

Clara Nunes | **Guerreira**
Giovanna Dealtry

Chico Science & Nação Zumbi | **Da lama ao caos**
Lorena Calábria

Gang 90 & Absurdettes | **Essa tal de Gang 90 & Absurdettes**
Jorn Konijn

Dona Ivone Lara | **Sorriso negro**
Mila Burns

Racionais MC's | **Sobrevivendo no inferno**
Arthur Dantas Rocha

Nara Leão | **Nara — 1964**
Hugo Sukman

Marina Lima | **Fullgás**
Renato Gonçalves

Beth Carvalho | **De pé no chão**
Leonardo Bruno

2023

1ª impressão

Este livro foi composto em Helvetica.
Impresso pela gráfica BMF Gráfica e Editora,
sobre papel Offset 75g/m².